超越时空的触摸

主编

从浑源古城走出的名人

山西出版传媒集团
山西人民出版社

图书在版编目（CIP）数据

超越时光的触摸：从浑源古城走出的名人 / 杨新儒
主编；耿东升，李波副主编 . -- 太原：山西人民出版社，
2024.9

ISBN 978-7-203-13347-6

Ⅰ . ①超… Ⅱ . ①杨… ②耿… ③李… Ⅲ . ①历史人
物—生平事迹—浑源县 Ⅳ . ① K820.825.4

中国国家版本馆 CIP 数据核字 (2024) 第 078280 号

超越时光的触摸：从浑源古城走出的名人

主　　　编：	杨新儒
副 主 编：	耿东升　李　波
责任编辑：	孙　茜
复　　审：	贾　娟
终　　审：	梁晋华

出 版 者：	山西出版传媒集团・山西人民出版社
地　　址：	太原市建设南路 21 号
邮　　编：	030012
发行营销：	0351-4922220　4955996　4956039　4922127（传真）
天猫官网：	https://sxrmcbs.tmall.com　　电话：0351-4922159
E-mail：	sxskcb@163.com 发行部
	sxskcb@126.com 总编室
网　　址：	www.sxskcb.com

经 销 者：	山西出版传媒集团・山西人民出版社
承 印 厂：	山西海德印务有限公司

开　　本：	890mm×1240mm　　1/32
印　　张：	8.75
字　　数：	170 千字
版　　次：	2024 年 9 月 第 1 版
印　　次：	2024 年 9 月 第 1 次印刷
书　　号：	ISBN 978-7-203-13347-6
定　　价：	68.00 元

本书编委会

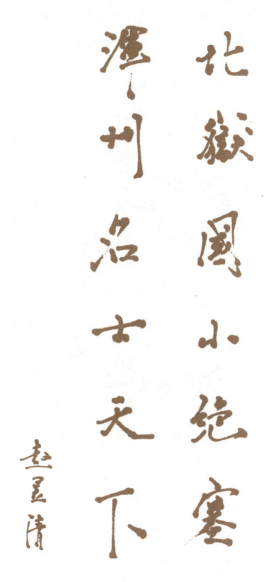

北岳恒山小绝塞
浑州名古天下

赵昱清

浑源县人民政府县长　赵昱清/题词

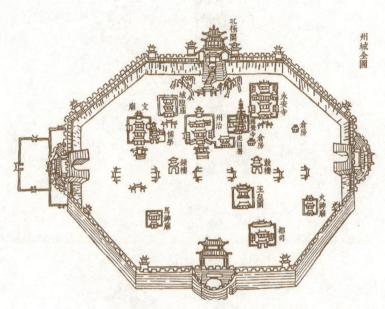

浑源州城全图　裴雁巍/供图

浑源古城老照片　佟永江/摄

浑源圆觉寺释迦舍利砖塔

序

　　浑源是省级历史文化名城，历史悠久，文化多元。始置于西汉，全县仅不可移动文物就有387处，其中国保单位7处、省保单位9处，是地上文物看山西最为典型的代表。登临悬空寺，可以感受高超的建筑技艺和不朽的艺术价值；漫步已有千年历史的浑源古城，"龟城蛇街"的独特格局和随处可见的明清风貌古民居，魅力独具、风韵犹存；现存规模浩大的元代古建筑群永安寺，古朴壮观的殿宇和895幅人物壁画让人叹为观止！大云寺、栗毓美墓、律吕神祠、文庙等，每一处都足以让人流连、眷恋。

　　浑源为北岳恒山所在地，风光绮丽，雄秀天下。好山好水好风光数不胜数，大多不事雕琢、浑然天成，几乎是一域一景、景景生辉。除了有"人天北柱""绝塞名山"的北岳恒山，还有"山西的华清池""华北第一泉"汤头温泉、恒山国家级森林公园、国家级神溪湿地公园、东葫芦头森林旅游区、龙蓬峪生态景观等等，让人尽享宁静悠远、身心愉悦。行驶在连通13个景区、全长80公里的"探岳之旅·天路"上，可以充分感受移步换景、情景相生的山水佳韵。

浑源虽为塞北边地，但民淳俗厚，自古重教兴文，儒风和畅。两千余年来，山川孕育，河流滋养，涌现出许许多多的名人志士。金元之间，浑源科甲及第者众多，其中刘、雷两家以文学知名，孙、高两家以武功显赫，四家英才或于政坛纵横捭阖，或于文坛挥斥方遒，群星璀璨、辉耀两朝。有清一代，河东河道总督栗毓美脚踏实地、勇于创新、兢兢业业、鞠躬尽瘁，以身殉职于黄河工地。被敕封为河神"栗大王"，完成了由人到神的升华过程，受到世代人们的敬仰。直至近现代，浑源名人志士仍层出不穷，抗日名将石作衡英勇奋战，为国捐躯；中国工程院院士于润沧满怀热忱，将青春年华奉献给有色金属采矿工程事业，皆无愧于浑源古城走出的优秀儿女。

一草一木总关情。习近平总书记曾经语重心长地说："一方水土养一方人，今天的发展是过去历史的延续。作为一地的党政领导，一定要了解当地的历史沿革、历史文化、历史人物和传统经典名篇，有些还要下功夫背诵，把这些作为当地的文化名片。"我于2019年任职浑源以来，为浑源厚重悠久的历史文化感到自豪，为浑源先贤的丰功伟绩与无私奉献精神所钦服，时刻感到肩上沉重的使命感和历史责任感，每一日不敢不尽心于浑源的文旅发展，每一步不敢不脚踏实地、臻于至善，真诚希望能够为这座古城的发展添砖加瓦，奉献些微绵薄之力。我也由衷祝愿浑源儿女能够坚定"举文化生态牌、建特色休闲城、走旅游康养路"战略不动摇，继承先贤遗风，砥砺道德品格，增强党员干部廉洁从政、廉洁用权、廉洁修身、廉洁齐家的思想自觉。以先辈为楷模，齐心协力，踔厉奋发，勇毅前行，把"恒久北岳、厚道浑源"建设得更加文明与富饶！

　　是为序！

中共浑源县委书记　高　莹

目　录

后唐浑源刘皇后

李 向 奎

后唐末帝李从珂皇后刘氏,浑源人,是目前已知浑源历史上唯一的皇后,生平事迹在正史中记载较少。文献资料的缺乏,给文史研究工作造成极大困难。笔者本着"取之于史、还之于民"的原则,史海钩沉,草创此文。意在抛砖引玉、百家争鸣。

刘皇后丈夫李从珂

后唐末帝李从珂,本姓王,镇州平山人(今河北省石家庄市平山县),生于唐光启元年(885)正月二十三日,母魏氏。李从珂即位后,于清泰二年(935)二月,尊谥其母为宣宪皇太后。

唐景福年间(892—893),沙陀李克用骑将李嗣源略地至平山,掳掠魏氏,以李从珂为养子。李从珂成年后,身长七尺,材貌雄伟,从李嗣源征讨,以骁勇知名。后唐同光元年

（923）四月，从李嗣源袭破郓州。同年九月，从后唐庄宗李存勖攻破后梁都城汴梁，力战有功。同光二年（924），任卫州刺史。同光三年（925），任突骑都指挥使。天成元年（926），后唐明宗李嗣源即位，以李从珂为河中节度使。天成二年（927），加检校太保、同平章事。同年十一月，加检校太傅。长兴元年（930），加检校太尉。长兴二年（931），授左卫大将军，复为检校太傅、同平章事、行京兆尹，充西京（今陕西省西安市）留守。长兴三年（932），进位太尉，移凤翔节度使。长兴四年（933）五月，晋封潞王。同年十一月二十六日，李嗣源驾崩。十二月初一，李嗣源第三子李从厚即位，为后唐闵帝。次年正月，李从厚改长兴五年为应顺元年。

李从厚即位后，对李从珂百般猜忌。首先解除了他儿子李重吉的控鹤指挥使职务，又召他出家为尼的女儿李幼澄（法号）入宫。控鹤指挥使掌管皇帝亲军，李从珂听到儿子外调、女儿被召，知道新君对他怀有戒心，疑虑不安。应顺元年（934）二月，为解除李从珂兵权，李从厚又调任李从珂为北京（今山西省太原市）留守。李从珂被逼无奈，遂以“诛君侧”名义起兵，一路向东，过关斩将，势如破竹。三月二十七日，大军驻扎陕州（今河南省三门峡市），距洛阳城不到三百里。次日，闵帝李从厚仓皇出逃，不久被毒杀身亡。四月六日，李从珂即皇帝位，改应顺元年为清泰元年。

唐朝后期，沙陀李克用因率军攻打黄巢有功，于中和三年（883）被唐王朝任命为河东节度使，驻守太原。同光三年

(925)正月,李克用之子后唐庄宗李存勖诏令"本朝以雍州为西京,洛州为东都,并州为北都",即后唐以今西安为西京、洛阳为东京、太原为北京。终五代十国,太原一直为北方重镇,后晋高祖石敬瑭、后汉高祖刘知远、刘知远之弟北汉高祖刘崇,皆曾任河东节度使一职。

石敬瑭为后唐明宗李嗣源之婿,长兴三年(932)十一月,为防御契丹南下,朝廷任命石敬瑭为河东节度使,兼大同、彰国、振武、威塞等军蕃汉马步总管。李从珂即位后,石敬瑭依旧为河东节度使。河东兵精粮足,让李从珂颇为忌惮;为防备石敬瑭有异志,清泰二年(935),李从珂任命张敬达为北面兵马副总管,屯兵雁门,以分散、牵制石敬瑭兵力。清泰三年(936)五月,李从珂改命石敬瑭为郓州节度使,进封赵国公,赐号"扶天启运中正功臣",降诏督促石敬瑭前往郓州就任。因石敬瑭拒命不从,李从珂任命张敬达为太原四面招讨使,围攻晋阳。石敬瑭自知不敌,以割让燕云十六州、岁输帛三十万为代价,向辽太宗耶律德光求助。九月十一日,契丹军翻越雁门关,十三日进入太原。十五日,张敬达与契丹作战失败,后唐军死者山积。后唐军战败的消息传到洛阳,李从珂意气消沉,终日饮酒悲歌。闰十一月九日,太原行营副招讨使杨光远杀害张敬达,以兵降契丹。二十五日,石敬瑭与契丹进军河阳(今河南省孟州市),与洛阳只有一河之隔。眼见兵临城下,李从珂与妻子刘皇后、儿子李重美及李嗣源皇后曹氏二十六日一早自焚于玄武楼,后唐就此灭亡。

浑源刘皇后及其家族

刘皇后,应州浑源(今山西省大同市浑源县)人,祖父刘建立、父亲刘茂成,皆以军功为边将。都说将门出虎女,据《旧五代史》记载,刘皇后性强戾,末帝甚惮之。天成中,刘氏被封为沛国夫人。清泰元年(934)四月,李从珂称帝,因年岁已高,百官多次上表,请立中宫。七月十九日,立沛国夫人刘氏为皇后。清泰三年(936)闰十一月,刘氏与末帝李从珂俱焚于玄武楼。

刘皇后弟弟刘延皓,因家族军功,少年时即为李从珂牙将。长兴三年(932),李从珂镇守凤翔(今陕西省宝鸡市凤翔区),署刘延皓为元随都校,并奏请后唐明宗李嗣源,加刘延皓为检校户部尚书。清泰元年(934)四月,李从珂即位后,拜刘延皓为宫苑使、加检校司空,不久改任宣徽南院使、检校司徒。清泰二年(935)四月,任刑部尚书,充枢密使。七月,任天雄军节度使,镇守邺都(今河北省邯郸市大名县)。

刘延皓本以勤谨、敦厚见称,以皇亲之故,富贵显达,渐渐骄奢淫逸。镇守邺都期间,贪污受贿,夺人园宅,聚集歌妓通宵宴饮,寻欢作乐而不体恤军士,又不按时发放军饷,以致内外皆怨。清泰三年(936)五月,被部下捧圣都虞候张令昭举兵驱逐。中书省、门下省官员请求末帝李从珂对刘延皓军法论处,但由于刘皇后干涉,刘延皓只是被罢免了事。同年闰十一月,石敬瑭进逼洛阳,刘延皓逃至洛阳城南龙门广化寺,走投无路之下自杀。

唐末及五代,牙兵为节度使亲兵。后梁太祖朱温任宣武军节度使,镇守汴梁,选富家子之材武者置之帐下,号"厅子都"。后梁魏博节度使杨师厚镇守大名府,专割财赋,选摘骁锐,置"银枪效节军"数千人。李克用任雁门节度使时,以骑兵为核心,亲军皆黑衣黑甲,谓之"鸦军"。刘延皓为李从珂牙将,可见他深得李从珂信任,先后任枢密使、天雄军节度使,权势熏天,并非全因刘皇后弟弟的缘故。

李从珂育有二子一女,长子李重吉、次子李重美、女儿李幼澄。《新五代史》载"皆不知其所生",即不知其生母为谁。以刘皇后强横霸道的个性,李从珂又惧内的情况,三人似皆为刘皇后所生。应顺元年(934)二月,李从珂起兵凤翔后,李重吉、李幼澄皆被闵帝李从厚杀害。

李重美,长兴二年(931)六月任司勋员外郎。清泰元年(934)五月,为检校司徒、守左卫上将军。六月,领成德军节度使、兼河南尹、判六军诸卫事。清泰二年(935)二月,加检校太尉、同平章事,充天雄军节度使。清泰三年(936),封雍王。石敬瑭兵逼洛阳,刘皇后欲烧毁洛阳皇宫,李重美劝阻:"新天子至,必不露坐,但他日重劳民力,取怨身后耳!"刘皇后深以为然,洛阳宫室因而得以保全。李从珂自焚,刘皇后与李重美皆死。

传国玉玺的下落

相传,传国玉玺用和氏璧镌刻而成,方四寸,纽为五龙相交,正面刻有"受命于天、既寿永昌"八个篆字,由秦国丞相李斯书丹。笔者颇为疑惑,璧扁玺方,如何制作?无可得知。

传国玺历代沿用,成为江山社稷正统传承的象征,没有传国玉玺的皇帝,被称为"白板天子"。然而,自李从珂自焚后,传国玺便消逝得无影无踪。

后晋天福七年(942)六月,晋高祖石敬瑭去世,其侄石重贵即位为晋少帝。因不肯向契丹称臣,惹怒辽太宗耶律德光,契丹军连年进攻后晋,石重贵不敌。开运三年(946)十二月,契丹攻占后晋都城汴梁,石重贵投降,派皇子石延煦、石延宝持降表、玉玺、金印进纳契丹。耶律德光几经查看,认为玉玺做工粗糙,与史籍记载不符,再次向石重贵讨要传国玺。石重贵上状陈述:"先帝石敬瑭曾多次寻找传国玉玺,不知所在,应该是被后唐末帝李从珂带去自焚了。先帝只好另制一方,这事儿大臣都知道。如果真有传国玺,我命都保不住了,怎么敢私自隐藏?"耶律德光讨要传国玺一事,就此作罢。

宋哲宗绍圣三年(1096),传国玉玺消失一百多年后,忽然出现。永兴军路京兆府咸阳县(今陕西省咸阳市)农民段义在河南乡刘银村挖地基时,得到古玉印一方。绍圣四年(1097),段义将玉印上交给国家,宋哲宗下诏让礼部、御史台的官员辨别真伪，一时众说纷纭。直到元符元年（1100）三月，方有结论。翰林学士承旨蔡京及其他十三名讲议官认为，段义所献玉玺，色绿如蓝、温润而泽。背盘五龙，其间有小孔，可用来穿系丝带。所刻"受命于天，既寿永昌"八字，为小篆字体，与李斯书丹相合。而且，玉玺出土于咸阳，玉料为蓝田玉，做工精良，非近代工匠可以仿制，是秦朝传国玺无疑。

北宋画家、金石学家李公麟曾参与鉴宝。据《宋史》记载，李公麟"好古博学，长于诗，多识奇字，自夏、商以来钟、鼎、尊、彝，皆能考定世次，辨测款识"。李公麟的鉴定结果是："秦玺用蓝田玉，今玉色正青，以龙蚓鸟鱼为文，著'帝王受命之符'，玉质坚甚，非昆吾刀、蟾肪不可治，珧法中绝，此真秦李斯所为不疑。"

然而，朝野部分有识之士坚持认为段义所献玉玺为赝品。笔者以为，洛阳至咸阳近千里，传国玉玺是如何从洛阳土遁到咸阳的，根本无从知晓。绍圣年间出土的传国玉玺是真是假，仍是千古谜案。

丛桂蟾窟刘家

李 向 奎

　　刘家自刘撝成为金代第一个词赋状元后，刘撝的儿子刘汲、刘渭，孙子刘侃、刘似（恩赐及第）、刘俨，曾孙刘从益、刘从禹，玄孙刘祁先后登第。金元两代，刘家共出进士九人，担任正式官职者二十六人，金代文坛领袖赵秉文称之为"丛桂蟾窟"。

　　刘家姻亲浑源雷氏、襄阴王氏、顺圣魏氏同属西京望族，浑源刘氏和雷氏人才辈出，是晋北地区著名的文学世家，号称"刘雷"。

状元刘撝

生平事迹

　　金代浑源县隶属西京路应州，贞祐二年（1214）五月由县升州,其时西京已为蒙元势力范围,金朝统治有名无实。元朝仍为浑源州,至元二十五年(1288),改西京路为大同路,浑源州隶大同路。

刘撝,字仲谦,晚号南山翁。辽代末年,刘撝祖父刘用、父亲刘翰,居弘州顺圣县耀武关(今河北省阳原县),以种地为生。从刘用、刘翰的社会背景分析,不大可能取得出"撝"这样具有深厚文化底蕴的名字。"撝"之一字,源出《易经》"地山谦卦",即:六四爻爻辞为无不利,撝谦。刘撝字仲谦,取名原则为以字释名。古人字前往往加"伯(孟)仲叔季"以表排行,如曹孟德为老大,孙仲谋为老二;刘撝字仲谦,在兄弟中应排行第二。其名字极可能为家人请读书人所起,包含了刘家望子成龙的殷切期望。金天会二年(1124),刘撝不负众望,蟾宫折桂,后娶浑源雷氏为妻,因素爱浑源山水名胜,故买田建屋,将家迁至浑源,子孙后代遂为浑源人。

刘撝及第后先在上京(今黑龙江省哈尔滨市阿城区)任右拾遗,后又转任天成(今山西省天镇县)、阳曲(今山西省阳曲县)、怀仁(今山西省怀仁县)三县知县。他长于吏治,爱护百姓,每当他离任时,老百姓都恋恋不舍,画下他的像供奉起来。

天眷二年(1139),刘撝为省试知贡举。皇统二年(1142),又为政府取士。作为首科词赋状元,刘撝学识渊博、地位尊崇,因此连任考试官。海陵王天德二年(1150),金政府设置大理寺。刘撝以治绩卓著,擢大理寺正(正六品),后迁平阳府(今山西省临汾市)判官、安东节度副使(治今辽宁省开原市),之后又两次担任大理寺少卿(从五品)。他三次担任大理寺官职,不畏权贵,公正审理各种案件,平反了很多冤案。

刘撝最后出任石州(今山西省离石市)刺史,累官至中大夫(从四品),年六十三卒于任内。他一生除在京城做官外,外任多在今山西境内。逝后葬于浑源县东北黄巍乡,其婿翰林学士承旨、御史大夫张景仁为刘撝撰神道碑。

百年文宗

刘家世代务农,自刘撝起始习文。辽金易代之际,战火纷飞,刘撝仍日日坚持读书,未曾放弃学业,其《梦中》诗云:

> 喜逢汉代龙兴日,高谢商山豹隐秋。
> 蟾宫好养青青桂,须占鳌头稳上游。

孔子认为,邦有道,则仕;邦无道,则可卷而怀之。秦朝末年,天下大乱,商山四皓只能避世隐居。汉高祖龙运丰沛、重贤爱士,隐士也出世大展身手,助刘邦成就帝业。《梦中》一诗,诗人以商山四皓的典故比喻辽金时局,对女真以文治国的方略表示首肯,隐隐然含有在科举考试中一举夺魁的意愿。金天会二年(1124),刘撝应试,独占鳌头。

刘撝文辞卓然天成,妙绝当世;后进作文,无不师法刘揄。金大定年间以律赋知名的孟宗献,少年落第后发愤读书,取刘揄赋张贴于墙壁间,日夜吟诵,尽得其法,下笔臻于精妙,乡试、府试、省试、御试,皆第一,号"孟四元"。金代官制,状元官从七品,阶承务郎。因为孟宗献连中四元,金世宗特意任命他为六品官,阶奉直大夫。有如此成就,当然与刘揄的影响密不可分。

刘揄独具慧眼,以知人著名,见举子文章,便能知其中第与否。长婿辽西张景仁未及第时,以文章进见刘揄。刘揄看后,对其人、其文颇为赏识,意其必中。不料张景仁在考试中,因为文章被邻座剽窃,名落孙山。其时刘揄有二女,达官显贵争相先后,为子求亲。刘揄不仅全部回绝,而且不顾家人反对,将长女嫁与落第不中的张景仁为妻。三年之后,张景仁再度科考,在众多举子中脱颖而出,拔得头筹,后累官至翰林学士、河南尹、御史大夫(从二品),世人皆谓刘揄有知人之鉴。

刘揄为女择婿的经过,至今在浑源传为佳话。次婿弘州襄阴(今河北省阳原县)王元节,亦为饱学之士,刘揄爱其才俊,就把次女嫁给他,传其赋学。天德三年(1151),王元节登词赋进士第,仕至密州判官。因雅尚气节,不肯随俗俯仰,辞官后逍遥乡里,以诗酒自娱,有诗集行于世。

刘揄不仅诗文俱佳,而且心胸博大,雅好成就后进,名士大夫多出其门下,人称"百年文宗"。其禀雄深浑厚之气,发为文章,华实相扶,骨力遒劲,金国词学,精切得人为盛,实刘公振而起之。元代学者王恽将刘撝与董仲舒、韩愈相提并论,称其为"一世师宗"。刘撝程文妙绝,影响深远,无愧"百年文宗"之称。

刘撝四子

刘撝夫妇育有四子,刘汲、刘渭、刘滂、刘濬。除刘滂早夭外,其余三子皆以文章著称。

刘汲

刘撝夫妇教子有方,长子刘汲、次子刘渭同擢天德三年(1151)进士。刘汲字伯深,自幼聪颖过人,早传家学,及第后出仕为庆州(今内蒙古自治区巴林右旗)军事判官。后屡任州县官,在任勤于政事,治绩显著。受召回京后,迁朝散大夫(从五品中)、应奉翰林文字、西京路转运司都勾判官。

刘汲淡泊名利,虽身在朝廷,却心系故园。其《题西岩》其一云:

人爱名与利,我爱水与山。人乐分且竞,我乐静且闲。
所以西岩地,千古无人看。虽看亦不爱,虽赏亦不欢。
欣然会于心,卜筑于其间。有石极峭岘,有泉极清寒。
流觞与袚禊,终日堪盘桓。此乐为我设,信哉居之安。

其二云:

卜筑西岩最可人，青山为屋水为临。
身将隐矣文何用，人不知之味更真。
自古交游少同志，到头声利不关身。
清泉便当如渑酒，洗尽胸中累劫尘。

全诗意境清幽，恬适自然，流露出对田园生活的美好向往。刘汲晚年倦于宦途，于是寄情山水，在家乡浑源龙山西岩筑室隐居，以读书为乐，自号西岩子。其《西岩歌》云：

西岩逸人以天为衢兮，地为席茵。青山为家兮，流水为之朋。饥食芝兮渴饮泉，又何必有肉如林兮，有酒如渑！世间清境端为吾辈设，吾徒岂为礼法绳。少文援琴众山响，太白举杯明月清波澄。人间行路是，处处多炎蒸。何如水前山后，六月赤脚踏层冰。

刘汲诗歌意境清新，平淡闲适，有白乐天之风。金末文坛领袖李纯甫为刘汲《西岩集》作序时，称其诗质而不野、清而不寒、简而有理、淡而有味。一篇一咏，必有深意。观其为人，必傲世而自重者，真豪杰之士也。

刘汲子刘侃，字稚川，大定十年（1170）进士，积资奉直大夫（从六品上）、丰王府文学兼记室参军。孙刘从夔，字和卿，奉直出身，善作诗。曾孙刘文祖。

刘渭

刘渭,字仲清,少好学,承袭父业。天德三年(1151),与兄刘汲一同进士及第,授承德郎,知泰州(今吉林省洮南市)陇城寨事。调隰州(今山西省隰县)军事判官,终朝列大夫(从五品下)、岢岚州(今山西省岢岚县)刺史,号龙泉老人。刘渭子刘价,河水泊酒监。

刘濬

刘濬,刘撝第四子,博学强记,少有能文声,既而用荫入仕,至安远大将军(从四品上)、饶阳(今属河北)县令。刘濬配张氏,封彭城县君,有四子刘佖、刘似、刘俨、刘俣。

刘濬四子

刘濬夫妇枝繁叶茂,子孙后代最为知名。

刘佖

长子刘佖,字稚行,仕至宣武将军(从五品下)、真定府(今河北省正定县)军资库使。

刘佖有三子。长子刘从善,字泽卿,彰德府(今河南省安阳市)酒监。次子刘从皋,字平卿。三子刘从契,字礼卿,仕至武义将军(从六品上)、克胜军副都统。

刘伮有孙五人,其中刘郊官武义将军,其余四人刘郅等俱早逝。

刘似

次子刘似(1163—1217),字稚章,自幼孝敬友爱、力学能文、称其家声。四次参加廷试被黜,按金朝惯例恩赐及第,授承仕郎,华州(今陕西省渭南市华州区)教授,再迁沂水县(今属山东)主簿,年五十五终于家。

刘似号龙山,因为做过沂水主簿,又称沂水君,其孙刘祁《归潜志》存其诗句"山路崭有壁,松风清无尘",清迈出尘、雄深简古,有其祖刘撝遗风。家训亦存一则,为告诫子孙处世立身名言。《归潜志》载:"余祖沂水君尝训子孙曰:'士之立身如素丝然,慎不可使点污,少有点污则不得为完人矣。'"

春秋时期,墨子见制丝者染丝,因为染料不同,丝的颜色也跟着变化,素丝既可染成黑色,也可染成黄色。于是感叹修身齐家、治国理政,何尝不是如此。刘似家训,化用"墨子悲丝"的典故,由染丝引发对社会人生的深沉思考,告诫子孙为人处世要洁身自爱、清白立身。著名学者李纯甫对刘家家训赞叹不已,刘似去世后,李纯甫为其作墓表,题为"善人刘公之墓"。

刘似娶妻王氏,封彭城郡太君。一子刘从益,字云卿。另有一女刘氏。

刘俨

三子刘俨,字稚昂,登承安二年(1197)进士第,累官至中奉大夫(从三品下)、秘书少监。金亡北渡时,痛宗国之亡,投黄河而死。

刘俨即中奉君,在世时曾请金代文坛领袖赵秉文为其家书"八桂堂"匾额。赵秉文曰:"君家岂止八桂而已耶?"为书"丛桂蟾窟"四字。

据刘祁《归潜志》及元代学者王恽《浑源刘氏世德碑铭并序》统计,金朝初开进士举,天会二年(1124),南山翁刘撝首中魁甲。其后,刘撝子西岩子刘汲、龙泉君刘渭于天德三年(1151)擢第。继以孙洺州君刘侃于大定十年(1170)、中奉君刘俨于承安二年(1197)、沂水君刘似(恩赐及第)于泰和三年(1203)前后,曾孙翰林君刘从益于大安元年(1209)、奉政君刘从禹于正大七年(1230)先后登第。金朝灭亡(1234)后四年,玄孙刘祁又在蒙元时期的首次科举考试中夺魁南京。因此,浑源刘氏家族在从金太宗天会二年(1124)至元太宗十年(1238)的114年间,共有九人进士及第。一个家族出了九位进士,这在中国历史上都是十分罕见的。

刘俨官至三品,是刘氏家族中职务较高的一位。金亡北渡时年事已高,为国破家亡悲痛不已,因不堪受辱,竟投河自尽,堪称士大夫忠君爱国的典型。

刘俨和夫人李氏育有三子,分别为刘从禹、刘从恺、刘从稷。刘俨去世后,孙刘邻于元时奉其衣冠及夫人李氏灵柩,安厝于河南北邙之原,是为浑源刘氏洛阳新阡。王恽在《浑源刘氏世德碑铭并序》中称赞刘俨为:"存亡惟义,表我孤忠。子孙昌炽,为报则丰。"

刘俣

四子刘俣官承奉班祗候,遂州(今河北省保定市徐水区)酒监。一子刘从周,字文卿。

刘似子女

刘从益

刘从益(1183—1226),字云卿,号蓬门。居官勤政爱民,弹劾不避权贵,在政坛上以正直敢言著称,在文坛上则独树一帜,与著名政治家和文学家雷渊齐名,号称"刘雷"。

刘从益自幼接受良好的家庭教育,少年时即有成人气度,是"丛桂"中杰出的一枝。大安元年(1209),刘从益擢进士乙科,调�阳(今山西省朔州市)县丞。贞祐初(1213),调长葛(今属河南)主簿。名士辛愿闻其名来谒,二人相谈甚欢。临别时,刘从益厚赠辛愿。辛愿回家后买了一头牛,让其子躬耕以自给。一头牛价值不菲,可见刘从益古道热肠。他注重文化教育,崇尚道学,在好友长葛人任履真的帮助下,修建了儒学和太虚观。

之后,刘从益任许州(今河南省许昌市)幕僚,任职期间经常与名士李纯甫、张毂、张毂、雷渊、王权等诗酒唱和,会饮为乐。贞祐四年(1216),刘从益任陈州(今河南省周口市淮阳区)防御判官,在陈州买田建屋,徙家淮阳。同年,由于刘从益所在皆有治绩,措画出众,进提举南京路榷货事(从六品),主管金朝与南宋的贸易往来。

提举南京路榷货事事关金宋两国的经济、政治利益,是个比较重要的职务。如果刘从益苟容于世,不去得罪当朝权贵,仕途无疑会一帆风顺。兴定元年(1217),刘从益父亲刘似去世,他以丁忧居丧淮阳。兴定四年(1220)起拜监察御史后,刘从益负材尚气,履职尽责,凡朝廷纪纲、时政利病,知无不言,一时台纲大振、小人侧目。兴定五年(1221),竟与宰臣辩论得失,因而被罢去职务,闲居淮阳。

刘从益不畏权势,直言敢谏,在金末的政治形势下,必不为权臣所容。去官家居期间,他以授徒为业,日与诸生讲伊洛之学,成为金代理学名家。元光二年(1223)元旦,丞相高汝砺七十寿辰,会乡里旧交,且求作诗文,刘从益因新罢御史,避嫌不赴。子刘祁年方弱冠,代父前往贺寿,并为作诗。同年十二月,昏庸无能的金宣宗驾崩,金哀宗即位,改元正大。正大初,哀宗锐意于政事,怜惜刘从益才干,任命刘从益为叶县令。

大安、贞祐年间(1209—1217),随着蒙金战事不断扩大,金朝河北郡县丧失殆尽,中都(今北京)亦处在蒙古军包围中。贞祐二年(1214)五月,金宣宗不顾大臣劝阻,动身逃往南京(今开封),河北军民百余万人随之迁入河南,史称"贞祐南渡"。由此造成河南谷价腾踊,税赋繁兴,民户不堪重负,纷纷逃亡。叶县户口竟削减了三分之一,无人耕种的荒地有一千七百余顷,但金政府每年依旧向叶县征收粮食七万石。刘从益上任后,不顾自己刚被起用的身份,上书大司农,请求减免叶县户税三万石。金政府最终同意了刘从益的请求,此举大大减轻了农民的负担,刘从益也赢得了良吏的美名。叶县流亡在外的四千余户人家,得以重返家园、生息繁衍。

公闲之余,刘从益在叶县振兴儒学,带头倡修文庙,选县民子弟俊秀者入学读书,严格考核管理,日省月试。百年大计,教育为先,刘从益立德树人的举措,使叶县风化大行。金政府考核官吏,刘从益政绩居河南第一。

正大三年春(1226),刘从益因才学出众,受召入翰林院,任应奉翰林文字。叶县百姓听说朝廷调他入京,赶紧至南京尚书省挽留,但未成功。赵秉文听闻刘从益将入翰林院,十分高兴,对同僚说:"吾将老而得此公入馆,当代吾。"又说:"从益官业当为本朝第一。"当时,赵秉文已年近七旬,准备致仕归家,担心后继无人,所以挑选刘从益为自己的接班人。

不料一个多月后,刘从益突然因病逝世,年仅四十四岁。消息传到叶县,正值端午节,叶县人民撤去酒食,供上刘从益牌位,放声大哭。赵秉文、雷渊等好友悲痛不已,作诗作文哭悼刘从益。

赵秉文《祭刘云卿文》云:

> 呜呼,云卿而至斯耶!寿不登五十,官不过七品,而止于斯耶!方行万里,出门而车轴折,何辜于天而夺之遽耶!既畀之才而不畀之寿,何侈于彼而独靳于此耶!呜呼哀哉!如君之才,无适不宜;小试所长,英英不羁。暂为御史,自信不疑;奋身直前,百折不辞。既厄居陈,心和且夷;讲道论义,饮酒赋诗。诸公交辟,请置剧司;屈宰一邑,牛刀割鸡。政声籍甚,草木皆知;召还北苑,弃我遗黎。父老遮道,毋以公归;我公去矣,我民之思。桐乡遗爱,叶邑立祠;既斥而复,谓将有为。文章政术,百未一施;曾不逾月,而死及之。呜呼哀哉!君之始病,一仆自随;君之妻子,适来京师。及其盖棺,犹及临之;嗟嗟老母,倚门望之。哀哀孤魂,梦寐见之;扶梓还家,何以告之?闻此讣音,何以处之?呜呼哀哉!维南山翁,文为世师;令德之后,桂林六枝。君虽往矣,有此二儿;复大其家,尚或似之。君为不死,聊以慰之。呜呼哀哉,尚飨!

雷渊《刘御史云卿挽诗》其一云:

气干参天拟万寻,圣门梁栋自堪任。
豸冠岳岳锋稜峻,凫舄翩翩惠爱深。
可忍佳城玉埋土,最哀慈帏血沾襟。
传家赖有双珠在,不尔如何慰士林。

其二云:

少同里闬早知音,投分交情两旧今。
乡校联裾春诵学,上庠连榻夜论心。
南山松桂愁霜殒,北地乾坤恨日侵。
不得生刍躬一奠,西风吹泪满衣襟。

杨云翼《吊刘从益》诗云:

清华方翰府,憔悴忽佳城。

冀禹锡《哭刘云卿》诗曰:

才大自古无高位,吾道何人主后盟。

正大四年(1227),叶县百姓委托道人李若愚请赵秉文为刘从益撰写碑铭,以寄哀思,赵秉文特作《故叶令刘君遗爱碑》。其辞曰:

君讳从益，字云卿，应州浑源人，南山翁之曾孙也，第进士，任监察御史，曰："知无不言。"与当涂者辩曲直，以罪去。天子怜其才，起为叶令。下车修学讲义，耸善抑恶。一之日，励而教之；二之日，惠而安之。奸吏恶少，望风革面。君曰："未有也，事有大于此者。叶，剧邑也，路当要衢，岁入七万余石。自扰攘之后，户减三之一，田不毛者千七百顷，而赋仍旧，可乎？"请于大司农，减三万石，民赖以济，流民自归者数千家。未几，被召。百姓诣省请留，不果。授应奉翰林文字，逾月以疾卒。遗民闻之，以端午罢酒乐，为位而哭。越明年，使道人李若愚来乞铭。呜呼！非君之才、之美、之惠，曷能使民既去而挽留，既殁而不忘，继之以泣也哉！

正大七年（1230），元好问调任南阳令，核查秦阳陂田，征收逋欠，疲惫不堪，作《宛丘叹》追怀刘从益。诗曰：

　　秦阳陂头人迹绝，荻花茫茫白于雪。

　　当年万家河朔来，尽出牛头入租帖。

　　苍髯长官错料事，下考大笑阳城拙。

　　至今三老背青肿，死为遗愚出膏血。

　　君不见刘君宰叶海内称，饥摩寒抚哀孤茕。

碑前千人万人泣，父老梦见如平生。

冰霜纨绮渠有策，如我碌碌当何成。

荒田满眼人得耕，诏书已复三年征。

早晚林间见鸡犬，一犁春雨麦青青。

苍髯长官指李国瑞，兴定五年(1221)他任南阳令期间，向百姓摊派牛头税(金代田赋的一种)，造成万余家逃亡。为逼百姓交租，李国瑞竟然拷打负责征收租税的下属，伤残致死的官吏与百姓不计其数，自己却升官二等。而刘从益任叶县令期间，爱护百姓，体恤民情，勇于为民请命，减免户税三万石，百姓为之立碑颂德。金朝南阳与叶县同为归德府所辖，两相比较，更显刘从益高风亮节。

刘从益博学强记，精于经学，擅写文章，长于诗歌，五言诗尤精，著有《蓬门集》。大约是取其曾祖刘撝《诫子诗》"元自蓬蒿出门户，莫交门户却蒿蓬"之意。

刘从益妻严氏，封彭城县君，育有刘祁、刘郁二子。

刘从益妹刘氏

刘似女刘氏(1185—1276)，刘从益之妹，生于金世宗大定二十五年，自幼通晓琴书，经史文赋一目成诵，嫁弘州顺圣(今河北省阳原县)名士魏璠。

魏璠(118l—1250)，字邦彦，号玉峰老人，参知政事魏子平之孙。贞祐三年(1215)，魏璠进士及第，补尚书省令史。

天兴元年(1232),蒙古军围攻汴京,魏璠奉命召请金将武仙入援勤王,授朝列大夫、翰林修撰。金亡之后,魏璠北归,定居浑源。元太宗十一年(1239),魏璠与麻革、刘祁等共游浑源龙山,麻革为龙山秀丽风光所折服,特意作《游龙山记》记其事。蒙古海迷失后三年(1251),忽必烈居潜邸,闻魏璠名,征至和林(今蒙古国哈拉和林),访以当世之务。魏璠条陈便宜三十余事,荐举名士六十余人,忽必烈嘉纳之。因病卒于和林,年七十,赐谥靖肃。

刘氏出身书香门第,知书达礼,是典型的名门闺秀,也是当时罕见的长寿者。魏璠从孙魏初(出继魏璠)《祖母夫人真赞并序》云:

惟吾祖母,浑源南山刘公之曾、沂水主簿之子、内翰蓬门先生之妹,神川遁士(刘祁)、监察御史(刘郃)之姑氏也。赋性贞顺,勤俭孝谨。其事我祖靖肃,如对大宾客。岁时伏腊,供奉祭享,菜果醢酱,必躬自修荐,诚洁恳到,至老无一毫怠意。经史文献,一目成诵,且能通其大意,而停蓄涵蕴,若无所知者。是岂世之浅薄粗识姓字而矜以示人者可同日而语哉!至于奴仆米盐,恒煦濡温饱,然亦未尝不谨扃钥,而听其自出入也。族中少相违言,处之以当然之义,不以彼此而有倾向也。年七十,以家事付初,怡心引年,以书以琴而已。

可见刘氏多才多艺、勤俭持家、善待下人、和睦宗族，与丈夫相敬如宾。魏璠去世后，刘氏将家事托付于魏初，以琴书自娱。魏初另有《水龙吟·为祖母太夫人九十之庆》一词，以刘氏与谢道韫并称。词云：

> 玉峰千古高寒，浮花细叶难相称。
> 风流不减，谢家林下，蔼然辉映。
> 最关心处，岁时伏腊，蘋蘩荐敬。
> 笑人间儿女，那知许事，空脂粉，香成阵。
> 惭愧儿郎草草。
> 满金杯、绿浮春莹。
> 此心但愿，旁沾亲旧，年年康胜。
> 一曲龙吟，又传佳语，尊前试听。
> 道期颐未老，十年今日，再安排庆。

至元十二年（1275），魏初自监察御史迁金陕西提刑司事，西行至汉中做官，临行前委托其子魏必复照顾曾祖母。至元十三年（1276）六月，刘氏病逝，享年九十二岁。魏初为未能在床前为祖母送终而懊悔不已，自言每展拜遗像肝膈崩裂，痛恨无穷。作文赞其祖母：肃而宽大、礼而有节；百世而下，惟永之则。

刘俨三子

刘俨有三子,刘从禹、刘从恺、刘从稷。

刘从禹

刘从禹,字虞卿,登正大七年(1230)词赋进士第,官至朝散大夫(从五品中)、同州(今陕西省大荔县)录判。可能因为他任过奉政大夫(正六品上),所以刘祁在《归潜志》中称他为奉政君。刘从禹有一子刘都。

刘从恺

刘从恺(1209—1263),字舜卿,自幼卓然不群,在学校以能赋著名。两度科举不第,用荫补官。授武义将军、登封主簿,综核县务、约束吏曹,人不敢以少年书生轻慢他。

蒙古灭金后,急于遴选贤能、安抚百姓。刘从恺摄领韶州(今河南省渑池县),不久授宜阳令。战乱之后,百废待举,他到任后即兴利除弊,发展生产。闲暇时则召集俊秀于学校,讲明礼义,美善风俗,不久即颂声四达,更授河南府路(今河南省洛阳市)经历。

刘从恺"素精吏事规画,恢恢刃游馀地,致六房无滞务"。公余则寄情山水,与名士杨奂、杨果、李微、薛玄等觞咏泉石间。中统四年(1263)正月,刘从恺病卒于家,享年五十五岁。

刘从恺妻张氏（1212—1286），出于宣德（今河北省张家口市宣化区）望族，至元二十三年（1286）去世，享年七十五岁。

刘从稷

刘从稷，字贤卿，终济南路儒学教授。有三子，分别为：刘郁、刘郴、刘郣。

刘从益二子

刘从益及其二子刘祁、刘郁，皆以文学著名。三人在金元文坛影响甚广，与北宋三苏类似。刘从益另有一子刘邺，字伯震，事迹不详，疑为刘从益养子。刘邺有子为刘景峦。

刘祁

（1）生平事迹

刘祁（1203—1250），字京叔，号神川遁士，元初文坛领袖，与元好问齐名。所著《归潜志》一书，为保存金源文化作出了卓越贡献。

金章宗泰和三年（1203），刘祁生于家乡浑源。浑源北距金西京（今山西省大同市）六十公里，大同府自辽重熙十三年（1044）升为西京后，农业、商业、手工业迅猛发展，至金代已成为北方政治、经济、军事、文化中心。据《金史》记载，当时浑源县户约一万，人口约五万，为西京巨邑。有金一代，浑源共有二十二人进士及第,为西京之外的另一文化中心。

刘祁自幼聪明颖异,学习勤奋刻苦,被人称为奇童。卫绍王大安元年(1209),刘祁父亲刘从益中进士,任朔州(今山西省朔州市)鄯阳县丞。大安二年(1210),刘祁八岁,随祖父游宦河南,不久返回浑源。大安三年(1211),蒙元兵逼西京,刘祁与祖父避乱浑源龙山。贞祐元年(1213),刘从益调任长葛(今属河南)主簿,刘祁大约在这时随父亲来到长葛,从名士大夫问学。贞祐二年(1214),金宣宗迁都南京(今河南开封),南京成为金国的政治文化中心。贞祐四年(1216),刘从益任提举南京路榷货事,刘祁开始进入太学读书,在太学生中甚有文名。兴定元年(1217),刘祁祖父刘似去世,刘从益丁忧,居丧淮阳。兴定五年(1221),刘祁十九岁,参加科举考试,虽通过会试,却在廷试被黜落,似与其父刘从益因直言敢谏得罪当朝宰执有关。同年四月,刘从益亦被从监察御史任上罢免。

刘祁在南京考试期间,结识其父好友礼部尚书赵秉文。刘从益罢官闲居淮阳后,刘祁独自留在南京,从赵秉文游学,讲诗论道,获益良多。兴定四年(1220)七月,礼部侍郎乌古孙仲端奉命出使蒙古,入西域见成吉思汗,次年十月还朝,备谈西域所见,请赵秉文记录,赵秉文推荐李纯甫,李纯甫又让与刘祁。刘祁于是将其出使的见闻记录下来,赵秉文书写后,刻于石碑,这就是后来闻名中外的《北使记》。

自廷试被黜之后,刘祁即闭户读书,涵蓄锻淬,放意于古文,间出古赋杂说数篇,众人争相传阅,一时洛阳纸贵。李纯甫、赵秉文、杨云翼、雷渊、王若虚等文学大家纷纷称赞刘祁为异才,皆倒屣出迎,交口腾誉。刘从益闲居淮阳,刘祁又与父亲及诸生讲明六经,力求知行合一,直探圣贤心学。自此振落英华,收其真实,文章议论,粹然一出于正,隐隐然已有一代大儒风范,士论咸谓其得斯文命脉之传。

元光二年(1223)元旦,丞相高汝砺七十寿辰,刘祁代父赴宴并作诗:

> 青云自致不须阶,十稔从容位上台。
> 负荷一堂森柱石,调和众口费盐梅。
> 勤劳密迩三朝重,寿考康宁七秩开。
> 家道益昌孙有息,彩衣扶杖好归来。

古人做官,依例年近古稀致仕。高汝砺自贞祐二年(1214)任参知政事,贞祐三年(1215)任尚书右丞,兴定四年(1220)拜尚书右丞相并封寿国公,位居宰执已十年,天下议论纷纷,所以刘祁劝其退休。雷渊作序也有"乘天眷未衰,可以引去"之语。高汝砺见诗后很高兴,把刘祁叫来,问其诗意。后来刘祁将归淮阳,又向高汝砺献书,劝其举一人自代,致政归家。刘祁年方弱冠,就敢于数次向宰相进谏,颇有其父之风。

正大三年(1226)刘从益去世后,刘祁开始经纪家事。春夏到淮阳视耕获,秋冬入汴梁避乱,并从名士讲学。刘祁《归潜堂记》自述:"四方交游来,把酒论文,谈笑连日夕,或留之旬月不令去。"刘氏父子不仅交游广阔,结交当世豪杰,而且关注社会现实,民众疾苦,这些都为刘祁日后创作《归潜志》奠定了坚实的基础。

正大八年(1231)十二月,刘祁居淮阳。时蒙古兵取道汉中,沿汉水东下,北上图谋汴京。刘祁因祖母王氏、母亲严氏俱在京师,便前往省亲。天兴元年(1232)正月,金廷下诏求救国图存方策。正月十七,刘祁愤然上书,且求见口陈;但权贵当道,不了了之。三月,蒙古兵进逼南京,上下震恐;金哀宗欲自杀殉国,被宫人救免。刘祁去见宗室密国公完颜璹,时密国公已卧病在床,论及时事,完颜璹叹曰:"敌势如此,不能支,止可以降,全吾祖宗。"秋八月,汴京被围已半年,仓廪空虚,人情汹惧。十二月,朝议以食尽无策,哀宗亲出东征,败走归德府(今河南省商丘市)。刘祁《录大梁事》记载其时惨状为:

> 守臣素庸暗无谋,但知闭门自守。百姓食尽,无以自生,米升直银二两,贫民往往食人胔,死者相望,官日载数车出城,一夕皆剐食其肉净尽。缙绅士女多行匀于街,民间有食其子。锦衣、宝器不能易米数升。人朝出不敢夕归,惧为饥者杀而食。平日亲族交旧,以一饭相避于家。又日杀马牛乘骑自啖,至于箱箧、鞍鞯诸皮物,凡可食者皆煮而食之。其贵家第宅与夫市中楼馆木材皆撤以爨。城中触目皆瓦砾废区,无复向来繁侈矣。朝官士庶往往相

结,携妻子突出北归,众谓不久当大溃。

天兴二年(1233)正月,汴京西面元帅崔立以城降元。四月二十日,蒙古军令儒释道三教人士及医匠等出城,然后纵兵大掠,南京被洗劫一空。五月,蒙古军因汴京多饥民,下令饥民北渡就食。二十二日,难民随蒙古军北行,刘祁踏上了回乡的艰辛历程。其《归潜堂记》自述:"流离兵革中,生资荡然,僮仆散尽,从行惟骨肉数口,旧书一囊。由铜台过燕山,入武川,几一载,始得还乡里。"具体行程为"由魏过齐入燕,凡二千里。"即从今河南省开封市出发,辗转山东、河北、北京,到达河北省张家口市宣化区后,停留了一段时间,然后才回到故乡浑源。而据王恽《大元故蒙轩先生田公墓志铭》记载:"浑源刘祁母及祖母病死半途,二子相顾号泣而莫之何。"又据段成己《创修栖云观记》:"自天兵南牧,大夫、士、衣冠之子孙陷于奴虏者,不知其几千百人。"当时死于北渡途中者甚多,幸存者也大多沦为奴隶,可见元人虐待摧残之酷烈。

天兴三年(1234)年正月,蒙古与南宋联合攻金,金哀宗在蔡州(今河南省汝南县)自缢而死,金朝灭亡。同年刘祁回到浑源,乡帅高定在刘祁最艰难的时候慷慨解囊,帮他重修故居。刘祁名其屋为"归潜堂",将北宋大儒张载的东西二铭书于墙壁,时时提醒自己诚意正心、孝悌忠信、潜心治学。笔者以为,归潜堂旧址应在今浑源县城内。据刘祁自述:"归潜堂四面皆见山,若南山西岩,吾祖旧游。东为柏山,代北名刹。西则玉泉、龙山,山西胜处。故朝岚夕霭,千态万状。其云烟吞吐,变化窗户间。门外流水数支,每静夜微风,有声琅琅,使人神清不寐。"

　　浑源古城地处恒山北麓,城内人家推窗便看得见南山(今北岳恒山)。据相关文献,浑源古城最晚在明万历年间已将恒山磁窑峡的唐峪河水自南城门引入城内。清顺治《浑源州志·城池》记载:"南累石为门,引磁峡水达城中,循石桥,环州署,注泮池,由西北隅水口出,归浑河。"依据清光绪《浑源州续志》《金鱼池图》及《金鱼池记》可得知,明清浑源州城的池沼河渠水系极为丰沛发达,州城东北和西北的金鱼池古典园林是城内最大的水流汇集场所。金鱼池"东池阔可二十余亩,西亦如之,水波潋滟,荇藻交横,金鱼出焉"。城内河渠交错,宛若江南水乡。由《金鱼池图》不仅可以看到环绕州署的河道,而且可以看到石桥北巷及鼓楼北巷的河渠,更可以看到浑源州城墙西北隅的出水河渠与出水口的大致位置。

金鱼池图

今浑源古城城防设施与城内水系已损毁殆尽，仅存石桥、砂和桥等地名。金代浑源州城防体系如何，亦无可得知。如据明清州志推测归潜堂旧址，当在石桥至州署之间。而《归潜志》所载浑源南山、西岩、龙泉、龙山等地名，皆刘家所号，可见刘氏一族虽多在外做官，但对故乡念念不忘，感情深厚。

刘祁居浑源期间，有感于"昔所与交游，皆一代伟人，今虽物故，其言论、谈笑，想之犹在目。且其所闻所见可以劝戒规鉴者，不可使湮没无传"，于是开始著书立说，意在"异时作史，亦或有取焉"。元太宗七年（1235）夏六月，完成《归潜志》初稿，前后历时一年左右。秋八月丁亥，刘祁参加浑源文庙祭孔典礼。次日与友人乔松茂、刘偕、弟刘郁同游龙山，作《游西山记》。元太宗八年（1236），刘祁再度南游，至东平府（今山东省东平县）会见广宁子郝大通弟子范圆曦，逗留二十余日，并为郝大通（全真七子之一）所著《太古集》作序。

《归潜志》于元至大年间（1308—1311）由乡人孙谐首次刊行，成为历代史家秘藏。孙谐字和伯，浑源人，为西留孙家之后。曾祖父孙威、父孙拱，《元史》中有传。元代名士、集贤待制赵穆在至大四年（1311）《归潜志跋》中写到：

> 孙正宪公之孙谐，和伯其字者。来访予曰："乡先生刘神川宏博衍大之士，倡明道学，会金乱，投迹于赵、杨、雷、李诸子之间，厌服名议，守素不仕，以卫中州之气，文章议论一出于正。遭乱后，于乡有

居以自容，扁曰'归潜'，默然静学以休息其心，竟抱志未施而没。生平述作既多，其弟归愚已尝编类就帙，曰《神川遁士文集》，廿二卷，锓木于世，先君文庄公乡序。后进尝收先生所著《归潜志》十四卷藏于家，盖其言论、谈笑、时事、见闻、戒劝、规鉴，足以备采择之录，谐欲绣梓以垂其名于不朽。"

由此可知，《神川遁士文集》由孙谐父亲文庄公孙拱作序，刘祁弟刘郁整理刊行。孙拱父孙公亮与刘郁皆任蒙元监察御史，同台同乡，关系密切。刘郁去世后，《归潜志》原稿由孙谐保存。《归潜志》能顺利成书并流传后世，除刘祁本人，浑源人高定、孙谐同样功不可没。

蒙古取中原后，中书令耶律楚材请元太宗窝阔台用儒术选士。太宗九年（1237），下诏命断事官术忽鯈与山西东路课税所长官刘中试诸路儒生。太宗十年（1238），刘祁在南京应试夺魁，选充山西东路考试官。山西东路治金宣德州，即今河北省张家口市宣化区，距浑源约二百二十公里。太宗十一年（1239），麻革赴山西东路应试，考试结束后，与刘祁、魏璠等同游浑源龙山。此时刘祁已名满天下，士大夫尊师之，元初人文之盛实刘祁振起。

太宗十二年（1240），元好问弟子郝经时年十八岁，拜访刘祁于宣德馆舍。乃马真后元年（1242），刘祁离开宣德到河南安阳，应中书省左侍郎中李侯贞之请，作《中镇庙记》。中镇即霍山,在今山西省霍州市东,为九州镇山之一。乃马真后二年(1243),征南行台粘合南合开府相州(今河南省安阳市),听闻刘祁名望,邀请他至相州幕下,待以宾友礼,成为其高级幕僚,其间多所赞襄。乃马真后三年(1244年)秋八月,魏璠自燕赵过东平,登泰山北归时路过相台,约刘祁一起游林虑西山。后月余,魏璠来书请刘祁记其事,刘祁乃援笔记其始末,作《游林虑西山记》。该年,刘祁随粘合南合结识史天泽于卫州(今河南省卫辉市);史天泽时为真定、河间、大名、东平、济南五路万户,属元初汉地豪强之一。次年夏六月,刘祁过镇阳(今河北省正定县);值史天泽父亲史秉直去世,刘祁应史天泽之请,为其父作《故北京路行六部尚书史公神道碑铭并序》。

海迷失后二年(1249),刘祁往来于燕赵间,郝经再次拜访刘祁,从刘祁问学。该年,刘祁游平水(今山西省临汾市西),会其友弋唐佐来,称其家重刊《证类本草》,求为序引,于是为其撰《书证类本草后》。蒙古海迷失后三年(1250),刘祁在相台(今河南省安阳市)去世,享年四十八岁。安葬于洹水(今名安阳河)河畔,翰林承旨王磐为作墓志铭。

(2)巨星陨落

巨星陨落,文坛震悼。众多名士对刘祁英年早逝表示惋惜,纷纷作诗作文,表达对一代宗师的崇敬之情。

王恽《追挽归潜刘先生》云:

我自髫龀屡拜公,执经亲为发颛蒙。

道从伊洛传心事,文擅韩欧振古风。

四海南山青未了,一丘洹水恨何穷!

泫然不为山阳笛,老屋吟看落月空。

郝经《浑源刘先生哀辞》曰:

浊河绝流大梁亡,日入地底阴磷光。

百年秀孕骧大荒,文源湮汩甚滥觞。

三五在北辉其芒,姑为维持为主张。

砭炳沉痼开膏肓,护籍偾踣扶颠僵。

碧云双凤方翱翔,忽弱一个危乎姜。

当年振羽来朝阳,竹花蹴落桐花香。

岐山山头唤文王,一鸣燕雀惊且狂。

总角独步高昂昂,旁魄瑰奇古锦囊。

飚然声价腾且骧,飞蒙茸兮走陆梁。

挺特温润直以方,有虞圭璋夏琮璜。

波澜老成肆汪洋,洞庭万顷澄秋霜。

上稽韩柳下苏黄,探道索古追羲皇。

一编《处言》含天章,立意造语攀荀扬。呜呼天道其何量?既与之德不与昌,既与之年不与长。

浑源之山空苍苍,相台台下天荒凉。元气索莫真宰藏,南山家世两渺芒。有弟有弟涕陨裳,有识有泪如清漳。奠桂酒兮陈椒浆,魂兮来归摧肝肠。

魂兮不来空所望,呜呼天道其何量?

王恽《浑源刘氏世德碑铭并序》称赞刘祁为:

> 神川力学,洞圣心胸。明理贯道,匪文奚工。玉
> 佩琼琚,大振辞锋。导家学之渊流,会百川而朝东。

刘祁娶妻史氏,洛阳名族。一女嫁原金朝监察御史田芝子田文冕,一男刘景山,终国史院编修官。孙刘兴同。

(3)史学成就

金代科举,试词赋、经义、策论中选者,称为进士。朝廷取士,多限以词赋、经义两科,士大夫往往不读他书。刘祁少长时习文,亦为科举计,然时时阅古今词章。及廷试失意,发愤读书,务穷远大,出入经史子集,纵横上下数千年,览古今治乱成败,而以著述自力。故刘祁为文,有清奇磊落之气,无诘屈聱牙之弊。其论学又极严谨,所传不真及不见不闻者,皆不记录。嗣后七百余载,披沙拣金,《归潜志》流传至今,并非偶然。

《归潜志》是金元之际著名的笔记体著作,涉及政治经济、科场风波、文坛逸事、社会风俗,包罗万象。第一卷至六卷为金末诸人小传,第七卷至十卷为杂记;第十一卷题曰《录大梁事》,纪哀宗亡国始末;第十二卷题曰《录崔立碑事》,纪崔立作乱时,廷臣立碑以媚之,劫刘祁使撰文事。又一篇题曰《辨亡》,叙金前代之所以治平,末造之所以乱亡。第十三

《归潜志》记录了金朝百年历史的四百余位人物,上至皇亲国戚、达官显贵,下至文人墨客、僧道医卜,众多人物形象各异,栩栩如生。同时,由于《归潜志》不同于官修正史,往往能够揭示被无意或刻意掩盖的事件真相。其笔触之敏锐、观点之犀利、评价之客观,使之再现易代之际的社会巨变,为后世留下一部宝贵的金末实录文献。元末撰写《金史》,对金末史事和人物的点评大多取自《归潜志》原文或稍作润色。史臣以为,"刘京叔《归潜志》与元裕之《壬辰杂编》二书虽微有异同,而金末丧乱之事犹有足征者焉。"由于元好问《壬辰杂编》今已散佚,故《归潜志》价值更为珍贵。王士禛《归潜志序》曰:

> 按金自崔立之乱,中原板荡,文献放失,赖二三君子有志史事者私相撰述。元开史局,蒐罗掌故,京叔、裕之之书皆上,史馆掎摭为多焉。予尝叹辽以制科取士,其间跻政府、登膴士者甚众。而考之列传,自横帐、诸院、国舅别部三族之外,其行事不少概见,岂制科之所得尽无人欤?抑史臣纪载之疏也?辽金立国,规模不甚相远,而金源人物、文章之盛独能颉颃宋元之间,非数君子纪述之功何以至是欤!

所谓"一代之典章文物,得其所托则传;不得其所托,则沦于烟莽"。金末元初,兵燹叠起,斯文尽丧。然而,刘祁、元好问于颠沛流离间笔耕不辍,坚持用文字记录历史,金源典章文物因而颉颃宋元之间,呈现出"上掩辽而下轶元"的大好局面,岂非刘祁、元好问等著述之功?

光绪元年(1875),俄国学者白莱脱胥乃窦将刘祁所著《北使记》译成英文,载于其所著《中世纪研究》一书,引起国际史学界广泛关注,刘祁对学术界的影响亦扩展至海外。

刘郁

刘郁,字文季,号归愚,生卒年不详。正大四年(1227),刘从益去世一年后,赵秉文应叶县百姓之请,作《故叶令刘君遗爱碑》,铭其惠政。文末曰"二子祁郁,既秀而文,将大其门",可见其时刘郁已有文名。元好问曾作《归潜堂诗》,将刘从益、刘祁父子比作汉代的刘向和刘歆,将刘祁、刘郁兄弟比作东晋的陆机和陆云。

天兴二年(1233)五月,刘郁从兄刘祁北返,一路艰辛备尝,目睹祖母王氏、母亲严氏客死异乡,但兄弟二人抱头痛哭而莫可奈何。后幸得他人相助,才将至亲安葬。元太宗六年(1234),刘郁与兄刘祁回到故乡浑源,读书研学。元太宗十三年(1241),刘郁南游东平(今属山东),与元好问等名士诗酒唱和。乃马真后二年(1243),与名士王若虚东游泰山,啸咏山林。中统元年(1260),元世祖肇建中书省,辟刘郁为左右司都事,后出任新河(今属河北)县尹。至元五年(1268),元廷立御史台,刘郁可能在该年或之后被召为监察御史,年六十一卒。

刘郁娶妻赵氏,前礼部尚书赵璜之女,一子为刘景岩。

刘郁能文辞,工书翰,著有《西使记》一书,该书成因与《北使记》相类。元宪宗元年(1251),蒙哥汗命其弟旭烈兀开藩西域。宪宗二年(1252),因木剌夷国(今伊朗北部马赞德兰省)屡劫蒙古商旅,蒙哥汗为维护蒙元权益,扩大疆土面积,命旭烈兀率军西征。宪宗六年(1256),木剌夷国在蒙古军炮火猛攻下灭亡。宪宗八年(1258),旭烈兀再攻阿拔斯王朝都城报达(今伊拉克首都巴格达),哈里发(伊斯兰教主的称号)穆斯台绥木率其三子及法官、教士、贵族等出降,被旭烈兀尽杀,阿拔斯王朝灭亡。至元元年(1264),忽必烈册封旭烈兀为伊尔汗,正式建立伊尔汗国。

宪宗九年(1259)正月,遣使者常德前往西亚觐见皇弟旭烈兀。常德由和林(今蒙古国哈拉和林)出发西行,于中统元年(1260)三月自西域返回,往返费时十四个月。中统四年(1263)三月,由常德口授、刘郁执笔撰写《西使记》,记录沿途各国山川、湖泊、气候、城镇、关隘、动植物、矿产、货币、医药、建筑、民族、风土人情,为研究蒙元史和东西方交通史的重要著作。道光五年(1825),法国学者莱麦撒将《西使记》译为法文。同治四年(1865),法国学者鲍梯又自魏源《海国图志》中选出译为法文,载于所著《马可波罗游记导言》一书。光绪元年(1875),俄国学者白莱脱肾乃窦又译为英文,载入所著《中世纪研究》一书。半个世纪中有三种译本在国际学术界出现,可见其史料价值之高。

刘从恺三子二女

刘从恺夫妇育有三子两女,三子分别为刘鄜、刘鄁、刘邻。长女嫁浑源州王氏,次女嫁应州元帅韩公之孙。

刘鄜

刘鄜,字君美,平江路(今江苏省苏州市)人匠提举,至元三十一年(1294)病殁,享年五十五。

刘鄁

刘鄁,袁部场(盐场,位于今上海市奉贤县)管勾。

刘邻

刘邻,才识警敏,练达时务,由省掾授承务郎、工部主事,次升承直郎、顺德路(今河北省邢台市)总管府判官,选充监察御史。

刘从恺共有孙子五人,所出不详。其中刘绍祖任江浙省宣使,刘庆祖任澱山巡检。其余三孙为刘继祖、刘胜童、刘乞童。

刘邻因王恽曾向刘祁问学,知其家世颇详,故求王恽作世德碑,其文曰:

刘氏先陇,始葬顺圣之耀武关,南山翁徙祖茔于浑源县东北黄巍乡。御史君以世故流离，起先茔于宛丘，神川旅殡洹水，归愚定窆燕山，今邻奉大父中奉公衣冠及考妣柩，安厝于河南北邙之原，是为浑源刘氏洛阳新阡。

文中所述，刘氏原葬弘州顺圣县，南山翁刘撝将祖茔迁至浑源黄巍乡。刘从益于兴定四年(1220)起拜监察御史后，因为家乡浑源已经被蒙古占据，只能在宛丘(今河南省周口市淮阳区)再择坟地。刘祁死后葬于安阳(今属河南)，其弟刘郁则葬于燕山(今北京)。刘俨夫妇、刘从恺夫妇，皆由刘邻安葬于洛阳新阡。

元朝中后期，刘氏后人开始散居全国各地，与祖籍浑源失去联系，再因年代久远，文献失载，辉耀文坛的浑源刘氏，渐渐湮没于历史的长河中。

附录　浑源刘氏世系表

刘用	刘翰	刘揭	刘汲	刘侃	刘从夔	刘文祖		
			刘渭	刘价				
			刘涝					
			刘濬	刘佖	刘从善	刘郟		
						刘邦		
					刘从皋			
					刘从契			
				刘似	刘从益	刘祁	刘景山	刘兴同
						刘郁	刘景岩	
				刘俨		刘邝	刘景峦	
					刘从禹	刘郜		

刘庆祖 刘继祖 刘胜童 刘乞童 刘绍祖						
刘廓		刘鄩	刘邻	刘郁	刘郴	刘郏
刘从恺				刘从稷		刘从周
						刘俣

父子御史雷家

李 向 奎

浑源雷氏,南朝大儒雷次宗之后。唐时定居浑源,其后遂为浑源人。据《雷氏退藏老人铭》记载,雷氏后代子孙枝繁叶茂,以雷渊与雷膺最为著名。金元二朝,父子二人先后任监察御史,刚正不阿,骨鲠蹇谔,实为国之栋梁。

雷思

浑源雷氏与刘氏同为金元时期久负盛名的文学世家。据浑源文庙碑刻《神川先进登科记》统计,雷嗣卿于金天会十三年(1135)、雷思于天德三年(1151)进士及第。雷思,字西仲,大定中任大理司直,持法宽平,人多称之。大定末年(1185),仕为同知北京路(今内蒙古宁城县)转运使事。元好问《中州集》存其《食松子》一首,诗云:

千岩玉立尽长松,半夜珠玑落雪风。

休道东游无所得,岁寒梁栋满胸中。

雷思为易学名家,有《易解》一书行世。

雷思弟雷志,字尚仲,贞元二年(1154)进士,仕至永定军节度使(治今河北省雄安新区)。

雷渊

雷思幼子雷渊(1184—1231),字希颜,别字季默,三岁丧父后由诸兄收养,但因为雷渊庶出,诸兄都看不起他。雷渊自小在人情冷暖与世态炎凉中长大,逐渐养成了疾恶如仇、从善如流的性格特征。十五岁时,雷渊以胄子入太学,自此发愤图强,衣弊履穿、坐榻无席而恒坐读书,宾客至门,例不迎来送往。时人皆以为雷渊过于倨傲,只有他的好友商衡每每为他辩解,并经常接济他。

求学期间,雷渊不仅从名士大夫问学,且与翰林学士李纯甫交往甚密。李纯甫雅喜奖掖后进,有"当世龙门"之称,士大夫多归附之。由于李纯甫的赏识与推荐,雷渊在太学生中最为知名。崇庆二年(1213),雷渊中进士乙科,由户部尚书高唐卿荐举,代理遂平县令(今属河南)。上任伊始,便打击豪强、纠摘奸邪,一县大振,称为神明。时遂平县为蔡州辖县,州中魁吏为非作歹,被雷渊鞭笞,上级召雷渊赴州责问,雷渊挂冠而去。再调泾州(今甘肃省泾川县)录事,其年十二月,泾州被西夏攻陷,雷渊因此没有赴任。

金朝自贞祐南渡(1214)后,天下称宏杰之士者有三人,分别为高廷玉、李纯甫、雷希颜。高廷玉字献臣,辽东人,进士及第。大安末年(1211),任尚书省左右司郎官,以奇节自负。贞祐元年(1213),出任河南府(今洛阳市)治中。贞祐二年(1214),蒙古兵围燕京,时事急迫而四方无勤王师旅。河南府主帅温迪罕福兴亦按兵不动,高廷玉虽欲赴援却无可奈何,两人因此关系交恶。高廷玉屡次劝温迪罕福兴率兵勤王,让温迪罕福兴颇为忌惮,而温迪罕福兴本为阴险小人,既怀恨在心,便诬陷高廷玉图谋勾结蒙古,起兵造反,遂将高廷玉下狱拷打。其友名士庞铸、雷渊、辛愿、王权皆受牵连,拷掠备至,体无完肤。待朝命下达,释放众名士,任命高廷玉为河南路安抚副使取代温迪罕福兴,高廷玉已死于狱中。

李纯甫(1177—1223),字之纯,弘州襄阴人(今河北省阳原县)。自幼颖悟异常,初学词赋,后读《春秋左传》,爱不释手,遂改学经义。承安二年(1197),擢经义进士,为文师法庄周、列御寇、左丘明,其词雄奇简古,后进无不宗之,金末文风由此一变。又喜谈兵,慷慨激昂,有经世之志。任蓟州军事判官期间,上书论天下事,金章宗大为称奇,下诏准予李纯甫参与边境军事,驻守金、宋边境淮河沿线。泰和六年(1206),南宋北伐,收复淮北地区。同年十月,金平章政事仆散揆率军南征,李纯甫两度上书,策其胜负,战局多如李纯甫所料。宰执爱其文,荐入翰林。

泰和年间,朝廷无事,士大夫以宴饮为乐。李纯甫与宾朋会饮时,经常深思不语,好像灾祸就在眼前。众人问其缘由,李纯甫回答:"朝廷把蒙古看成一个部落,却连蒙古大汗的牙帐在哪都不知道。将来恐怕蒙古为刀俎,我辈为鱼肉,只能任其宰割而已。"众人听后,大笑不已:"国家太平已五六十年,民康物阜、路不拾遗、夜不闭户,连狗都不知道怎么叫了。你却成天忧心忡忡,真是杞人忧天,还是及时行乐吧。"其时,铁木真已统一蒙古高原诸部,并于泰和六年(1206)在斡难河源(今蒙古国鄂嫩河)即汗位,建立大蒙古国。卫绍王大安三年(1211),成吉思汗亲率大军攻金,金军节节败退。李纯甫知大势已去,不再有仕进意,荡然一放于酒,每日必饮,每饮必醉,谈笑戏谑,玩世不恭。贞祐二年(1214),宣宗将都城迁至汴京。李纯甫再入翰林,擢尚书省左司都事,然而丞相术虎高琪专权,不久便将李纯甫摒弃不用。兴定三年(1219),宣宗诛杀术虎高琪,李纯甫三入翰林,主持科举,为朝廷选拔人才。元光末年(1223),因为所选举子不符合新出规定,被罢免为京兆府判官,不久卒于汴京,时年四十七。

金朝末期,宣宗执政,吏权大盛,不学无术之徒,汹汹进用。将帅多出于世戚,勇于虐民而怯于临战。或有纥石烈胡沙虎、术虎高琪之类剽悍者,也多飞扬跋扈,不可一世。一时豺狼当道,谄谀成风。高廷玉、李纯甫、雷希颜等恢奇磊落之士,被打击压制,甚或死于非命。三杰之中,雷希颜的人生经历与金末时局息息相关，最令人扼腕叹息。

雷渊出狱后，被任命为东平府（今属山东）录事，在任严于律己，执法公正严明，深受百姓爱戴。东平为河朔重兵驻地，骄将悍卒拥寇自重，不受节制。中央、地方官员都畏惧他们，百般迁就，莫敢谁何，当地人民苦不堪言。雷渊秉公执法，毫不姑息，招致一些军将的不满，但又对他无可奈何。不数月，东平府家家有雷渊画像，大将也不敢以新进书生看待他。

因为政绩卓著，雷渊不久便被迁任东阿县令（今属山东），再迁徐州观察判官。兴定末年（1221），召为荆王府文学兼记室参军，转应奉翰林文字、同知制诰、兼国史院编修官。正大元年（1224），金哀宗即位，锐意政事有恢复之志，雷渊被任命为监察御史。上书提出五项建议，大略为精神为可养、初心为可保、人君以进贤退不肖为职，不宜妄费日力、以亲有司之事。鼓励哀宗励精图治，不改初衷。哀宗看后很是赞许，欣然采纳。

雷渊弹劾不避权贵，出巡郡邑，所至有威誉，捕获奸豪不法者，就地正法。以监察御史巡行河南时，凡贪赃枉法的官吏，一律处以杖刑，受杖者多达四五百人，时号"雷半千"。路过遂平县时，百姓听说雷御史至，万人空巷，夹道欢迎。豪猾听闻，望风遁去。蔡州有一老兵，与权贵关系密切，不在军中服役而潜伏民间，经常以毒药害死农民的牛马，然后低价收购谋取暴利。雷渊把他抓到后，历数其罪并杖杀之。蔡州百姓聚众围观，万口称快，马不能行。但雷渊也因此得罪了权贵，被诬告而罢官。直到正大末年，因为宰相侯挚举荐，才重新起用雷渊为太学博士,还应奉翰林文字,再迁翰林修撰,累官太中大夫。正大八年(1231)八月二十三日,雷渊暴卒,时年四十八。八月二十五日,葬于汴京城西三王寺附近。

据刘祁《归潜志》记载:"南渡之后,为宰执者往往无恢复之谋,上下同风,止以苟安目前为乐,凡有人言当改革,则必以生事抑之。每北兵压境,则君臣相对泣下,或殿上发叹吁。已而敌退解严,则又张具会饮黄阁中矣。每相与议时事,至其危处,辄罢散曰:'俟再议。'已而复然,因循苟且,竟至亡国。"金哀宗虽有恢复之志,却无恢复之才。将帅多拥兵自重,士气低迷,已露亡国之象。正大七年(1230),元太宗窝阔台亲自伐金,率皇弟拖雷等由山西南下,试图突破潼关、黄河防线,攻取陕西、河南。正大八年(1231)正月,蒙古大将速不台攻破潼关西南的小关,东进至卢氏、朱阳二县,突入河南腹地,游兵四出抢掠,烽火绵延百余里。金朝名将完颜陈和尚奉命入援,蒙、金二军决战于倒回谷(今陕西省蓝田县东南),蒙古战败,死伤甚众,填压溪谷间,不可胜算。其时,金军如乘势席卷,则当如东晋淝水之胜。但诸将意见不统一,朝廷亦以勿追为便。在关系国家存亡的危急时刻,雷渊力排众议,指出机不可失,小胜不足保,应该乘胜追击。但金末君暗臣庸,雷渊的上书没有得到执行。后来京兆府、凤翔府(今属陕西)上报,蒙兵狼狈西逃时,连马嚼子都顾不上套,数日后发现没有追兵,于是又聚兵攻凤翔。朝廷闻报,悔之已晚。四月,凤翔府、京兆府沦陷,潼关以西全部失守。

倒回谷之战,关乎金国兴亡。虽然雷渊的意见没有被采纳,但也足以看出他在军事方面的远见卓识。八月,雷渊带着自己壮志未酬的遗憾,含恨九泉。十月,拖雷取道汉中,沿汉水东下,北上进逼汴京,京师戒严。天兴元年(1232)正月,蒙兵四万与金兵十五万战于三峰山(今河南省禹州市西南),金国战败,十五万人马被蒙古兵悉数歼灭。自此,金政权已摇摇欲坠。二年之后,金朝灭亡。

史载,雷渊其人,躯干雄伟、髯张口阔、面色红润、眼如望洋。遇到不平之事,憎恨之情溢于言表,嚼齿大骂不休。虽屡屡因此遭祸,却终生不变。又喜结交朋友,上至达官贵族,下至贩夫走卒,无不坦诚相待。在汴京居住期间,日日宾客盈门,家中虽没有多余的财产,接待宾客却异常丰厚。饭量兼三四人,饮酒数斗不乱,杯酒淋漓,谈谑间作。元好问称雷渊为:"辞气纵横,如战国游士;歌谣慷慨,如关中豪杰;料事成败,如宿将;能得小人根株窟穴,如古能吏;其操心危,虑患深,则又似夫所谓孤臣孽子者。"

金末三杰,自高廷玉逝后,士论在李纯甫;李纯甫逝后,士论归于雷希颜;雷渊逝后,士论有"人物渺然"之叹。元好问哭悼并作墓志铭,其辞曰:

> 维季默父起营平,弱龄飞骞振厥声。
>
> 备具文武任公卿,百出其一世已惊。
>
> 紫髯八尺倾汉庭,前有赵张耻自名。

目中之敌无遁情,太原流涕请进兵。

掩聪不及驰迅霆,一日可复齐百城。

天网四面开鲵鲸,砥柱不救洪涛倾。

望君佐王正邦经,或当著言垂日星。一偾不起谁使令?

如秦而帝宁勿生,不然亦当蹈东溟。

元精炯炯赋子形,溘焉宁与一物并?

千年紫气郁上征,知有龙剑留泉扃,何以验之石有铭!

雷膺

雷渊娶妻侯氏,育有两子两女,子雷膺最为知名。

雷膺(1225—1297),字彦正,生于金正大二年(1225)。正大八年(1231)年,其父雷渊去世。天兴二年(1233),汴京城破,母亲侯氏携雷膺北归,一路历尽艰险,于元太宗六年(1234)回到故乡浑源,母子相依为命。侯氏以纺织为生,日夜操劳,教雷膺读书。雷膺不负母亲期望,笃志于学,以孝顺闻名乡里。元太宗九年(1237),下诏郡国开科选举,凡儒生一律免除其家赋役,雷膺家也在免除之列。此后更加勤奋,终以文学知名。真定路万户史天泽听闻雷膺才学,征召他为万户府掌书记。

中统元年(1260),元世祖忽必烈即皇帝位,初设十路宣抚司,下诏选拔耆旧子弟为僚属,授雷膺大名路(今属河北)宣抚司员外郎。中统二年(1261),翰林承旨王鹗、王磐,推荐雷膺为翰林修撰、同知制诰兼国史院编修官。中统五年

（1264），调任陕西西蜀四川按察司参议。至元二年（1265），改任陕西五路转运司谘议。至元四年（1267），宋兵围开、达诸州，朝廷以史天泽侄儿史枢为左壁总帅，佩虎符出征四川，雷膺任总帅府参议。军队回朝，升承务郎、同知恩州事。至元五年（1268），元世祖立御史台，雷膺因为才能出众，拜监察御史。上任之后，即以"正君心、正朝廷百官"为己任，又指责搜刮民财的大臣不宜任丞相。其时，平章政事阿合马推行专卖制度，以清查户口、征收赋税、发行交钞等方式，增加财政收入。雷膺弹劾阿合马为聚敛之臣，刚直坦率，颇有其父之风。

至元十一年（1274），加任雷膺为奉议大夫，河东山西道提刑按察司佥事，以称职闻名。同年，元世祖命左丞相伯颜、平章政事阿术率领二十万大军，自襄阳顺汉水入长江直取临安，发动攻灭南宋、统一全国的战争。至元十四年（1277）年，江南平定，雷膺被任命为朝列大夫、山南湖北道提刑按察副使。其时，众将邀功，以俘获人财为利，常常祸及无辜，甚至以平民为奴隶。雷膺发布命令，得以恢复平民身份的有几千人。至元十八年（1281），改任淮西江北道提刑按察副使，因母亲年迈推辞。至元二十年（1283），迁行台侍御史，带母亲到任，分管湖广、江西，上奏弹劾按察使二人及行省官吏中不守法的人。至元二十二年（1285），侯氏去世，雷膺为母亲服丧离任。至元二十三年（1286）复职，任中议大夫、江南浙西道提刑按察使。当时，苏州、太湖一带多雨，损害庄稼，百姓缺粮。雷膺请示朝廷，发放国库大米二十万石赈济饥民。江淮行省认为发米太多,商议存留三分之一,雷膺说:"宣布皇帝恩泽,救助贫困的百姓,是行省大臣的职责,怎么能如此吝啬?"行省不能使他改变主意,把米全部发放给灾民。当时他六十二岁,就辞官回山阳养老。

至元二十九年(1292),召拜雷膺为集贤学士。元贞元年(1295),元成宗铁穆耳即位,在上都(今内蒙古正蓝旗)举行朝会,召集耆旧老臣,询问国家政事,以雷膺为首。后来,元成宗又邀请雷膺至便殿相见,对雷膺的建议深表赞同,赐给他白玉带、白玉环各一件。元贞二年(1296),又赐雷膺钱五千贯并进级二等。大德元年(1297)夏六月,雷膺病逝于京师(今北京市),享年七十三岁。朝廷赠通奉大夫、河南江北等处行中书省参知政事、护军,追封冯翊郡公,谥号文穆。

孔子说:"守孝道的人,善于继承先人的遗志,善于继承先人未完成的功业"。雷渊早逝,雷膺在母亲侯氏的教导下,政事与文学知名,再任御史,传承家风,大约就是孔子称赞的守孝道的人吧。

雷膺子雷肇,顺德路(今河北省邢台市)总管府判官。孙雷豫,南阳府穰县(今河南省邓州市)县尹。

甲胄世家孙家

李 向 奎

有元一朝，浑源孙氏因善于制造甲胄而受到历任君主宠幸。自孙威率先以蹄筋翎根铠进献元太祖成吉思汗，获封号也可兀兰（大工匠、将作大匠之意）。其后，孙威子孙公亮、孙孙拱、曾孙孙谦、孙谊，世传家业。孙威祖孙三代，俱追封神川郡公。辽金以来，宗族之盛，当世罕比。孙氏所造铠甲、弓箭、盾牌、战舰，在蒙元横扫西域、东征日本、攻克金朝、覆灭南宋的战争中，发挥了巨大的作用。

孙威

孙氏为浑源州横山（今西留村乡卧虎山）人，家世务农。孙威祖父孙伯娶刘氏，生有四子，孙庆佑、孙庆文、孙庆元、孙禄和。孙庆文娶赵氏，生有二子，孙平、孙威，孙平早世。

孙威（1183—1240），生于金大定二十三年，为人深沉勇猛、器量阔大，以心灵手巧著称。十六七岁时，即有志于功名，应募为兵。因骁勇善战，受到西京(今山西省大同市)主帅谋年的信任。孙威年少参军，浴血疆场，无数次目睹战友被兵器洞穿的躯体，因而感慨世传甲胄不够坚固耐用。于是向妻兄杜伸学习制甲技术，不仅尽得其法，而且别出心裁。元太宗窝阔台曾以强弓亲自测试孙威制造的蹄筋翎根铠，结果完好无损。

金朝末年，朝政腐败，成吉思汗统一诸部，崛起于蒙古高原。为避蒙元锋芒，金宣宗意欲举国南迁。孙威至真定奔问，劝宣宗坚守中都(今北京市)，而宣宗立于权臣之手，本就懦弱无能，自然不会听取孙威的建议。孙威报国无门，只得返回西京，七日之间，往返二千余里。不久，西京被蒙元吞并，守帅马侯知孙威胆略过人，表其为义军千户，统领诸路工匠，专职造甲。孙威以所制蹄筋翎根铠进献成吉思汗，龙颜大悦，赐号也可兀兰。

元太祖十三年(1218)，木华黎自西京南入河东，依次攻克太原、平阳及忻、代、泽、潞、汾、霍等州。孙威从征，在俘虏中搜救出堂兄孙成、堂侄孙公政。元太宗二年(1230)，窝阔台率军南下伐金，蒙、金两军激战于倒回谷(今陕西省蓝田县东南)，蒙古战败，转而向西，攻击金京兆府(今陕西省西安市)、凤翔府(今陕西省宝鸡市)。孙威身先士卒，连战皆有功。窝阔台见孙威冲锋陷阵，不避矢石，就劝孙威："你纵然不爱惜自己的身体，难道就不为大家着想吗？万一你有个三长两短，谁来为大军制作铠甲呢？"又问诸将："你们知道什么最宝贵吗?"众将的回答都不能符合元太宗心意。窝阔台指着孙威对众人说:"能保护你们的生命,为国家立功,不正是孙威制造的铠甲吗? 你们怎么想不到这一点呢?"接着赐锦衣于孙威。

窝阔台曾号令诸将,蒙古军所至之处,金兵如不投降,攻陷后即屠杀全城军民,不服从命令者以军法论处。孙威担心百姓被无故杀害,常以聚集工匠为借口,救助百姓。前后所领平山、安平诸路工匠,都从俘虏中救出,并为他们提供衣物和粮食,工匠视孙威为再生父母。元太宗五年(1233)正月,蒙古军攻陷金南京汴梁,限制居民自由出入。此前汴京被围已有年余,每日饿死的人不计其数。孙威遂向大帅速不台请求,救助浑源名族刘氏、雷氏及莒州刺史卢整、同知均州樊氏、南京警使王氏、张具瞻、马正卿、王仲贤、王禄、杨玉者数十家,并遣送各家返归乡里。

元太宗十二年(1240),孙威去世,享年五十八岁,终于顺天、安平、怀州、河南、平阳诸路工匠都总管,归葬浑源州西留村横山之阳。至大二年(1309),赠中奉大夫、武备院使、神川郡公,谥号忠惠。

孙威妻杜氏,亦严正有法。平山府奸人诬告工匠非法售卖铠甲,杜氏力为营救,工匠因之脱死者甚多。杜氏寿八十八,下及五世孙。子孙公亮率其子孙拱、孙撖、孙振,孙孙谦、孙谐、孙谊跪拜床前,杜氏见儿子佩金虎符,众孙皆佩金符,感慨道:"吾家起寒微,今一门贵盛,但当竭忠勤以报国家尔。"说完就去世了。

大德三年(1299),孙威子孙公亮立碑于祖坟,集贤学士刘因撰《浑源孙公先茔碑铭》并书,江西等处行中书省平章政事史弼篆额。其铭曰:

昔龙之山,有晦而沦,必孙氏之先。盖必有嗟其屈者,而谓天道之或惩。今晔其华,贲及邱原,亦有嗟者,谓赋与之或偏。彼嗟者愚,不究其终,而不探其源。孰驭龙山,游万物巅。渺下视乎神川,历百世而循一环,不轻不轩,而得夫造物者之权。玄铁符握,黄金色寒,翠屏雷裂,瀚海云翻。有物荡尽,再造坤乾。有恻天心,莫救其然。孰其庇之,孰其翼之。于此时而保全,乘此时而腾骞。人皆嗜杀,我独惕焉。惟山西之名御史,曰雷黙与刘云。郁乎相辉,一代人门。惟将作君,武臣桓桓。有子如公,复与雷刘之子而骢马联翩。相彼根株,有此蔓延。穷天地物,极天地年,又安有不定之天。夏虫疑冰,孰大其观。后之嗟者,示此铭言。

孙威子孙公亮

孙威子孙公亮(1222—1300),字继明。十多岁时,孙威带他入觐元太宗。窝阔台见孙公亮丰神秀骨,大为惊异,对孙威说："令郎将来会大有作为,成就绝不在你之下。"赐给孙威父子御馔。此后孙公亮出入宫廷中,逐渐通晓国家制度,精通蒙汉双语,所结交者皆一时豪俊,众友亦以孙公亮为通材。

元太宗十二年(1240),孙公亮承袭父职,佩银符。每年依例进献铠甲,做工精良、坚致完密,连射七箭都不能贯穿。元宪宗蒙哥执政,特意赐给孙公亮貂裘,世袭封号也可兀兰。中统元年(1260),元世祖忽必烈即位,授孙公亮为都总管。其时,忽必烈弟阿里不哥听闻忽必烈已于中原即位,遂拥兵自立为蒙古大汗。双方为争夺王位,展开激烈内战。战事危急时,孙公亮出私财造甲胄六十袭进献,元世祖大喜。

中统五年(1264),叛乱平定,改元至元,朝政清明,欣欣向荣。孙公亮上疏元世祖,政府应防患于未然,设置御史台监察百官,防治贪污腐败。孙公亮的建议在该年虽然没有施行,但士论都认为他有先见之明。至元五年(1268),政府肇建御史台,特拜孙公亮为首任监察御史、官忠翊校尉(正七品)。元世祖对御史大夫塔齐尔说:"我不可能知悉所有官员的处世为人,但像也可兀兰,忠正廉洁,是御史里的佼佼者。"孙公亮材气足以投赴事机,威望可以摄服豪猾,为报答主上恩遇,亦鲠言无忌,他人不敢为者率先为之。如鹰房宿卫,依仗贵戚凌虐百姓;上都济时门守卫,利用职权强夺民物;东安州豪强,放纵马驼啃食桑枣,甚至砍树为柴。孙公亮依律将他们绳之以法,元世祖听闻,称赞孙公亮为治世能臣。三年任期满后,御史大夫上奏,孙公亮公正无私、俊杰廉悍,应再任御史,以激励后进。

至元十年(1273)夏,因治效卓著,朝廷授予孙公亮金符,迁武德将军、金山东东西道提刑按察司事(正五品)。东平路监尹是皇亲国戚,从来不与监察官会见,但听闻孙公亮任命,亲自去边境迎接。孙公亮到任后,举用贤才,打击奸贪,惩治豪纵不法者十余人,一时风动百城。至元十二年(1275),孙公亮再升山北辽东道提刑按察副使(正四品)。辖区有蒙古牧地,诸王营帐与部落种人杂处其间,最为难治。辽阳亲王侍卫五人强抢民财,殴打百姓,官府都不敢追究。众百姓至按察司申诉,孙公亮立即下令逮捕辽阳府侍卫。辽阳王赶紧去找孙公亮开脱说情,孙公亮驳回了亲王的请求,将五名侍卫杖决示众。辽东大震,自此小民气伸而豪强敛迹。肃正纪纲的同时,孙公亮不忘关注民间疾苦。治内滦水宽阔且夹杂砂石,没有架设桥梁。孙公亮勘察水文后,命令下属编织牢笼,内贮碎石,沉入水中为柱,在柱上面建桥。仿此建成者百余座,辽东百姓不再受冰寒涉水之苦。

至元十三年(1276),孙公亮进阶朝列大夫。至元十四年(1277)春,升中顺大夫、彰德路总管,佩金虎符。彰德路(今河南省安阳市)当南北要冲,政务繁重。孙公亮历练老成,虽王事纷集,处置无不恰当。为使王政惠及民众,孙公亮以三事躬请于朝。其一,连年雨潦,伤害庄稼,民间缺少粮食,请免除百姓应交税赋九千七百石;其二,各郡向朝廷交纳税赋,取道彰德府(今河南省安阳市),经过广平路(今河北省邯郸市)到达顺德路(今河北省邢台市),往返五百余里。请求朝廷准许百姓将物资交纳至广平路磁州(今河北省磁县),可减少一半路程;其三,彰德路税粟,例输大名路(今河北省大名县)秦家渡,民众由唐宋仓渡河,东南行一百五十里方至。每年腊月运输,天寒地冻,苦不堪言,请求朝廷准许百姓将税粟交至唐宋仓。朝廷答应了孙公亮的请求,百姓负担得以减轻。孙公亮前任曾向民间借贷五百余锭,用于起建营舍,安置南宋归附军人,孙公亮亦一一偿还。邢民李闰六杀人后不肯服罪,历年不决,牵连百余人。孙公亮查得实情,在证据面前,李闰六承认了犯罪事实,牵连的人得到释放。

至元十六年(1279),南宋归附。朝廷授任孙公亮为正议大夫、浙西道宣慰使兼行工部事(从二品),管辖工匠四十二万、局院七十余所,负责制造货币、丝缟、弓矢、甲胄等物。至元十八年(1281),忽必烈命左丞相阿剌罕东征日本,孙公亮又率匠人给办艨艟战舰。至元二十年(1283)十月,孙公亮至都城朝觐元世祖,受到忽必烈表彰并赐宴便殿。至元二十二年(1285),授江西等处行工部尚书。其年孙公亮已六十四岁,遂上章致仕,闲居清苑。御史台与朝廷官员每有疑问不决向孙公亮请教,必告以益国便民之方。至元二十四年(1287)九月,孙公亮再次觐见元世祖于朝殿,赐坐御榻之西,复赐鹿羹、白酒,大醉而出。

元成宗大德元年(1297),孙公亮子孙拱被任命为大同府尹。孙公亮结束仕宦生涯,携夫人张氏、子孙拱返回故乡,日与亲朋好友宴饮为乐。乡人荣之,改浑源州西北横山为昼锦山。之所以取名昼锦,是因为楚霸王项羽认为,富贵不还乡,如衣锦夜行,昼锦即衣锦还乡之意。大德四年(1300)正月二十九日,孙公亮薨于浑源州西留村家宅,享年七十九岁。追封资德大夫、中书右丞、上护军、神川郡公,谥正宪。二月十四日,葬于村西孙氏先茔。送葬者有数千人,几里之外都能听到哭声。

孙公亮夫人张氏、梁氏,皆出名家,梁氏先前去世,张氏终于大德四年(1300)秋天,寿八十有四,追封神川郡夫人。

孙公亮仪观魁伟,器量丰阔,是孙氏一族中职务最高的一位。元代文学家王恽曾与孙公亮同台为御史,王恽称孙公亮:"集议寮属,处正奉公,词情剀切,毫发不假借。善为钩距,能得小人根株窟穴,似夫古之能吏、才大夫。""齐家教子,敦笃义方、循尚礼法,又似夫齐鲁质行之士。""生平疾恶,由义激忠,其心休休,乐善成美,出于天禀粹厚。""宜其三任风宪,位正总尹,丕张世守,官篹六卿。""福寿绵延,子孙众多,家门隆盛。""可谓材德具备,勋名两全,哀荣终始者矣。"

孙公亮去世后,王恽作《大元故正议大夫浙西道宣慰使行工部尚书孙公神道碑铭并序》,其铭曰:

云龙奋飞西北天,神武载造坤与乾。

有来群后旋戎轩,所在戈甲相周旋。

孙侯挟技善达权,赐名训徒畀任专。

函惟扞格贵弗穿,函虽多样公发源。

犀兕七属光生烟，上为嗟惜赏世延。

风云俪景同翩翩，执艺谏请多活全。

臧孙有后理固然，公其挺生钟世贤。

嗣兴遗绪心弥丹，鲲化跃出天池渊。

豸冠执法班朝端，宪纲未举为进言。

太微一夕光星廛，朱衣白简相后先。

忠臣愤激同鹰鹯，秋风博击无空拳。

上目刚直由孤骞，青齐辽碣海岱连。

地广物众芽蘖间，绣衣风采何翩翩。

积弊一铲摧邪奸，耻令张赵出吾前。

煌煌金节临漳洹，霜空霁严正春妍。

侯伯正位务固繁，专裁错节惊龙泉。

吏惟宽慢猛则残，要本实惠苏民编。

上请三事民力殚，转输省便遄赋捐。

横敛追给公府钱，去思有颂德化宣。

江浙平一俗巧儇，训授程课需世官。

共工汝贤常伯联，工局染院劳次铨。

岁时供忆物利坚，圣皇眷顾称忠悛。

一朝上章遽引年，功成身退名节完。

嗣侯亚卿请外迁，作牧乡郡意所便。

锦衣荣养白昼鲜，世期福寿方绵绵。

丘山零落馆舍捐，停云苒苒横之颠。

时有白鹿驯其阡，神游凄断招来篇。

自昔豪杰夸云燕,乘时树立孰敢肩。

千年丰剑埋神川,郁郁紫气冲斗边。

何以验之瑶有镌,英声并与斯铭传。

孙公亮长子孙拱

孙公亮与夫人张氏、梁氏育有三子:孙拱、孙撤、孙振。

孙拱(1241—1306),张氏所出,字仲诚,别字太帖穆而。自幼喜好读书,《春秋左传》《资治通鉴》《朱氏纲常》等无不博览。虽出身富贵之家,而清廉俭约如寒士。拜河中(今山西省永济市)全真教道士虚白处士赵素为师,医卜、占候皆得其传。尤善于骑射,蒙汉互译、书写无不精通。

至元四年(1267),朝廷授予孙拱玺书、金符,袭爵顺天、安平、怀州、河南、平阳等路甲匠都总管。上任伊始,即以身作则,每日早出晚归,风雨寒暑,始终如一。同时完善规章制度,勤劳者奖励,不及者劝勉。所制甲胄,必选材精良,缀属周密。孙拱每每告诫下属工匠:"人命关天,制甲万万不可懈怠。我等稍有不慎,将士便殒命沙场,于心何忍?"其时,蒙元图谋攻取襄阳,进而统一全国。孙拱制甲二百八十袭以献,元世祖令将士披挂后审阅良久,见铠甲容制称体、光彩夺目,非常高兴,赐给孙拱御宴、重锦。

至元十年(1273),蒙元大军攻陷襄阳。次年,右丞相伯颜统军沿汉水东下,发动统一全国、攻灭南宋的军事战争。

孙拱制折叠盾上贡,该盾设计巧妙,张开则足以蔽敌,收敛则便于携带,形制亘古未有。元世祖把折叠盾赐给右丞相伯颜,将士使用后交口称赞。其后,孙拱又模仿虎豹等猛兽形制,造成铠甲、盾牌上进,元世祖赞赏不已,赐孙拱白金百两。至元十三年(1276),朝廷改顺天路为保定路,立提举司,授孙拱玺书承直郎,保定等路甲匠提举,不久进阶奉训大夫。至元十五年(1278),孙拱携子孙谦入见元世祖,上奏说:"臣之子年已弱冠,熟习世业,请允许他事奉太子。"元世祖下诏,送孙谦至东宫,侍卫太子真金。

至元十六年(1279),江浙归附。军器太监撒里蛮上奏,请求赐给孙拱白金五百两、银五十,奖励他为军队提供了强大的后勤保障。孙拱赶紧推辞说:"都是匠人的功劳,我怎么能独自接受奖赏。"元世祖环顾众大臣说:"太帖穆而推功让赏,实在难得啊。"于是又增加宝钞三万缗,分赐诸匠。至元十七年(1280),孙拱进献锁子连环甲,朝廷赐给他一万五千缗宝钞,孙拱全部分给了工匠。至元十八年(1281),孙拱又上进软筋甲。元世祖反复展玩,并且问孙拱:"以筋制甲,何物最善?"孙拱回答:"坚韧拒箭,非牛莫属!"忽必烈大喜,让孙拱坐在御坐西侧,君臣尽欢,大醉而出。

不久,元世祖觉得孙拱长期主管造甲,日常工作以技艺、制造为主,在管理民政农事方面还欠缺经验。于是给他加官保定路治中,进阶奉议大夫。保定路当弋猎之地,每年春秋诸王路过,供给接待,费用不菲。孙拱亲自筹办,不让百姓操劳。遇凶年饥岁,不待朝廷下令,即开仓发粟,赈给饥民。高阳县土豪将沙河桥据为己有,向过往车辆收取过路费。孙拱听闻后大怒:"建设桥梁是为了方便百姓,一经土豪霸占,谋取私利,却损害了公众利益。为官一任,造福一方,我岂能坐视不管?"于是将土豪抓捕,公开处决,保定百姓万口称快。

至元二十二年(1285),元世祖巡视武备院,见武器储备仍有欠缺,特授孙拱为武备少卿(从四品),世爵则由其子孙谦继承。至元二十四年(1287),亲王乃颜叛乱,元世祖北征,急需大量铠甲。孙拱领导各司局工匠,二年所需,数月而办。忽必烈大喜,召孙拱父子赐宴饮酒,各赏金缎一匹,孙拱进朝列大夫,又以帛一千三百匹分赐保定诸局匠人。北征途中,元世祖见内外宿卫服色混淆,不能辨别。召武备卿秃满脱及孙拱问道:"各军衣甲如何统一规划,你俩商议一下。"孙拱回答:"应该以方位对应服色,如东方青色,南方红色,西方白色,北方黑色,中央黄色,制甲分给士兵。"元世祖下诏,让江南三省制五色牦皮甲万袭,由孙拱亲自赴江南督办。

桑哥任尚书省右丞相,独揽朝廷大权,设立大都路军器人匠总管府,特授孙拱总管,进阶中顺大夫。孙拱核实历年亏欠租税的匠户,大多积贫积弱。旧例,工匠每年在完成额定任务之后,再结算工钱。如未按时完成,工匠一家便衣食无着,举步维艰。孙拱向尚书省请求,先给付工匠工钱,再向他们分配任务。如果年底不能完成,严惩不迟。桑哥听后大怒,沉下脸来呵斥孙拱:"任务未完成就支付工钱,有这样的先例吗?"孙拱反复向桑哥陈述工匠贫困拮据的具体情况,所言切中事理,桑哥怒气渐消,最终同意了孙拱的请求。

有元一朝,安南、答马剌、占城等国经常向朝廷进献犀牛、大象,养于皇家内苑。间有倒毙者,元世祖召孙拱查看。孙拱上奏,象掌、犀皮,可用于制作甲胄。元世祖下令,让孙拱召集工匠,在万岁山傍殿制作铠甲。孙拱亲持刀尺,裁剪设计,不日即功成事毕。元世祖让卫士试穿,坐起屈伸,轻便如常。于是下诏武备卿秃满脱:"以前谁都不知道如何用大象、犀牛制甲,如今太帖穆而天机所到,独得不传之妙,可将甲胄收藏于武库,供后人瞻仰学习。"

至元二十八年(1291),孙拱奉命到湖广、江浙,传授南方工匠造甲技术,经过孙拱指导,南方各省工匠技艺突飞猛进,费用减省而事半功倍。回朝后,孙拱把玳瑁漆甲百袭进献给皇帝。至元三十年(1293),朝廷拜孙拱为工部侍郎。至元三十一年(1294),元世祖忽必烈去世,元成宗铁穆耳登基,宗王懿戚朝会于上都(今内蒙古正蓝旗)。孙拱主管朝用经费,按职务赐给众臣金银珠宝、布匹丝帛,从始至终,不出丝毫差错。成宗听闻,赐给孙拱银百两、金素衣缎五十匹、帛二百五十匹、宝钞万缗。

过去,河南军士占据民田为牧场,百姓诉讼三十多年,事情仍没有得到解决。元贞元年(1295),元成宗下诏,让孙拱同枢密院官员调查核实。孙拱询问河南故老,得知实情,归还民田九万余顷。大德元年(1297),孙拱的父亲孙公亮已年逾七旬,朝廷恩典,特授孙拱为少中大夫、大同路总管兼府尹

（正三品）。大同路至浑源州不过百余里，这样孙拱就可以随时回乡照顾父母。孙氏父子衣锦荣归，当地官员将西留村北横山改为昼锦山，所在乡亦改名为昼锦乡。

大同路与蒙古高原接壤，北通蒙古汗国故都哈拉和林。诸王往来两都间，多取道大同。孙拱首开驿馆，为过往官员、行人提供食宿，收取费用，蓄积财利。大同路红城、忙安粮仓在城西北六七百里，百姓转输税粟时，路途遥远，饮冰啮雪，不胜其苦。孙拱将粮仓迁至大同城中，一举便国利民。大同路郡学隳废，孙拱上书河东山西道宣慰使司，请求上级拨款兴修学校。并带头募捐，多方筹集宝钞二万五千缗，修建校舍七十余间，另建崇文堂，藏书万余卷。为支持教育事业长足发展，又为郡学提供田地二千亩，募民耕种，赡养师生，解决师生后顾之忧。

孙拱在大同路振兴教育、兴修水利、改良农田。公闲之余，巡视武周山，勘察地形，发动民工将武周川水引入城中，环城周流，上建水磨，府获经费之助而民有灌溉之利。红城土地贫瘠，气候寒冷，虽屯田多年，但收获很少。大同城西南一百二十里黄花岭有良田五千顷，被用作牧场，不能耕种庄稼。孙拱请求朝廷将牧场移至他处，在桑干河南岸屯田，定有成效。《元史·地理志》载："大德四年（1300），于西京黄华岭立屯田。六年（1302），立万户府，所属山阴、雁门、马邑、鄯阳、洪济、金城、宁武凡七屯。"即孙拱所创。

大同路怀仁县有巨盗刘恩某，制贩假钞，及官府抓捕，则诬告平民，牵连甚多。连续三次被判死刑，都遇赦出狱，绰号

"刘三赦"。孙拱任职期间,刘三赦又因盗马入狱,孙拱核实犯罪证据以后,将刘三赦在闹市公开杖决。郡人大喜,奔走相告:"非孙府君,谁能除此害?今后我等可以高枕无忧矣!"丰州乾川店焦德全夜里被人杀害,官府逮捕焦德全同辈,屈打成招。孙拱核查案卷,发现诸多疑点,于是派属下暗中侦察,终于抓获真凶。被冤枉的二十多人破械出狱,咸称神明。

大同路自唐朝起,先后被突厥、沙陀、吐谷浑、契丹、女真等少数民族盘据,俗多火葬。孙拱改良丧葬风俗,引导百姓推行土葬。境内有孝子义士,孙拱必率同僚备礼登门,给予表彰。数年之间,大同路风化大行。其他如修治义仓、尊崇儒学、种植绿化、赡养孤老、劝课农桑等,必身体力行。孙拱迁任时,吏民攀辕卧辙,号哭流涕,不让孙拱离去,其治绩为诸道第一。

大德五年(1301),孙拱迁太中大夫,两浙都转运使。此前,两浙盐课定额三十五万引,每年都不能完成。孙拱精心筹划,禁绝私盐,一年便将盐课增至四十万引。大德九年(1305),改任益都路总管兼府尹、本路诸军奥鲁总管、管内劝农事(正三品)。益都路为山东重地,元成宗特意赐孙拱内府弓矢,以示孙拱拥有征伐之权。孙拱前任因病致仕已有年余,益都路政纲驰紊,百废待兴。孙拱日夜操劳,不幸患病。其子孙谐从京城至山东探望父亲,孙拱嘱咐儿子:"孙家一门显赫,事奉君主、治理民众,唯廉勤二字而已。今后你要自我勉励,无坠家风。"接着就督促孙谐准备热水,剃发洗浴,更换衣冠后从容去世。时大德十年(1306)八月一日,享年六十六岁。孙拱去世的前一天,有大星坠落庭院,火光遍地,同僚都为孙拱担忧。及孙拱去世,居民罢市。发引之日,士民哀送出境。朝廷赠孙拱正奉大夫、大司农、上护军,追封神川郡公,谥文庄。其年十月,归葬浑源州昼锦乡西留村先茔。

孙拱妻郝氏,真定弓匠总管郝德言之女,大德(1305)九年去世,享年六十九岁,追封神川郡夫人。

孙拱去世后,集贤大学士李谦为撰神道碑。其辞曰:

> 国有六职,其一为工。坐而论道,职与偕同。
> 智而能述,钧圣者事。畴咨予工,见于已试。
> 维国佑民,于人恐伤。壮我军容,不显其光。
> 有嘉孙公,实相兹役。善敕甲胄,无敢不吊。
> 我所启行,于襄于樊。公应时需,效铠如山。
> 张我皇威,所向无敌。混一区宇,公与有力。
> 王德圣政,不隐人功。舆金辇赉,湛恩庞鸿。
> 乃二父国,用亲民政。扩推仁爱,兴除利病。
> 祥刑谳狱,劝学郡农。治审所先,靡职不供。
> 生有余声,没有令闻。遗爱在人,岂独乡郡。

孙拱长子孙谦

孙拱与郝氏育有三子:孙谦、孙诏、孙谐。

孙谦(1255—1298),字益伯,别字伯不华。元世祖至元十五年（1278），事皇太子真金为东官卫士，敦谨多能，逐渐受到重用。皇太子曾赏其所进蹄筋翎根甲，赐白金五十、纹金二两。至元二十二年（1285），承袭父职，授敦武校尉、保定等路甲匠提举。至元二十四年（1287），元世祖北伐乃颜，孙谦父子领导工匠制造铠甲，以供军需，受到元世祖奖赏，赐酒与纹金绮裘，并赐工匠帛一千三百匹。至元二十七年（1290），进献玳瑁翎本甲，下诏藏于武备寺，待将来赏赐勇敢而为国立功的将士。至元二十九年（1292），朝廷合并保定、河间、将陵、安平诸司局为军器人匠提举司，升孙谦为从仕郎，仍旧任提举。至元三十一年（1294），进献铁锁连环甲。元成宗铁穆耳当时刚即位，不认识孙谦，就问大臣："他是谁家的后代？"武备寺丞回答："也可兀兰之孙，裕宗真金让他承袭祖业，曾赐他锦衣四袭，弓刀若干。"大德元年（1297），孙谦上进筋僟翎本甲，成宗再次赏赐他。每年岁终考核，孙谦都名列第一。

孙谦自幼精细敏捷，日诵千言，举动有成人气度。每宾客登门，吟诗作赋，须臾而成。其诗清圆富健，士大夫称他为"孙百篇"。尤其善长骑射，精通蒙古语言文字，在官勤俭奉公，元成宗每每感叹孙家后继有人。可惜未受重任，忽然于大德二年（1298）正月十二日去世，年仅四十四岁，灵柩暂殡保定。大德十年（1306）十月，其弟孙谐护送孙谦灵柩，归葬于浑源州昼锦乡西留村先茔。

孙谐曾任朝列大夫、河东山西道宣慰副使（正四品），是孙氏后代中最为杰出的一位。元代大儒刘因曾赠诗孙谐，其诗云：

龙山古壮哉,郁郁盘烟岚。

一读元子诗,泠然玉泉甘。

江山胜景要佳客,而我不到怀应惭。

雷家髯翁虎眈眈,刘氏遗爱存河南。

百年乔木动秋色,篮舆谁与供奇探。

昆山出美玉,楚国多梗楠。

孙郎复贵种,良璞须深函。

勾萌慎培养,云霄看岩岩。

野失老矣一何拙,平生只有归休堪。

传经访道可无愧,为我早办龙山庵。

　　孙谐在《元史》中无传,碑铭亦无存,杞不足征,其事迹已沦于烟莽之中。

　　孙谦去世之后,孙谦堂弟孙谊承袭世职。翰林侍读学士元明善为撰墓碑。其词曰:

古善世守,有讥世官。果官守业,孰令之完。

龍嵷龙山,锦里烂烂。萃其晖华,而大厥家。

神川之封,三爵俱公。始慎择术,仁被鍜镞。

五世效庸,以食函功。皇矣帝图,完哉士体。

保孙氏函,克受帝祉。猗嗟孙门,世载令人。

允武允文,国也宝臣。繄从仕君,冢子惟肖。

截截才妙,风稜清峭。方期巍调,有奕它曜。

云何四十，一病不疗。无孝不力，匪忠不极。
天也孰尤，瘵兹成德。砻石之坚，勒我铭言。
揭尔隐贤，昭示大年。虽不公侯，无惭先猷。
从公下游，祖考尔休。

浑源西留孙氏先茔

有元一朝，孙氏所制甲胄，计有蹄筋翎根铠、翎本甲、锁子连环甲、软筋甲、五色牯皮甲、玳瑁漆甲、象甲、犀甲等，制甲原料采用牛筋、羽翎、象掌、犀皮、牯皮、玳瑁、铁叶等，刀箭不能贯穿而轻便易披。蒙元横扫西域、东征日本、攻克金朝、覆灭南宋，孙氏之甲无所不在。其他制造，有弓箭、盾牌、战舰、货币等。孙氏一族，五世传承，堪称大国工匠。其制作技艺，今已失传，令人叹惜。

蒙元以骑射得天下，王公贵族素爱征战狩猎。故蒙元有三宝——海东名鹰、蹄筋翎根、西域文豹。其中蹄筋翎根铠以牛筋、羽翎为原料,杀一头牛,得筋不过二斤,所以蹄筋翎根铠极为珍贵。据《元史·太祖纪》记载:"先王战伐,勇进不回,马尾人背不使敌人见之。"可知蒙元初期,甲胄简陋,只披前半身,将士的生命安全,根本不能得到有效保护。自孙氏之甲用于战场,蒙元大军才得以横扫欧亚大陆。纵观《元史》,获得蹄筋翎根铠者不过五人,张柔、怯烈、忙兀台、洪俊奇、完者都,皆为功勋卓著的将领。

浑源孙氏先茔目前为县级文物保护单位,仍存元碑十余通,或立或卧于草莽之间。偶有文史学者探访,夕阳西下,衰草瑟缩,令人顿生"西风残照、汉家陵阙"之叹。孙氏先茔,从文献价值来说,可补《元史》不足;从文学价值来看,碑文为王恽、刘因、李谦、元明善等一流文学家撰写;从文物价值分析,元碑距今已近八百年,弥足珍贵。

孙公亮次子孙撖

孙公亮次子孙撖(1249—1296),张氏所出,字仲谦。自幼聪明敏锐,与兄孙拱同拜虚白处士赵素为师,读书家塾,日记千言,数年之间,博究深远。

至元初年(1264),朝廷征诏公侯百官之子入官充宿卫,实为质子。孙公亮均爱三子,心下为难,不知道该派那个儿子。孙撖毅然请求入宫,为父分忧。当值期间,大丞相安童见孙撒恪恭谨默、勤而有度,非同侪可比,心里暗暗赞赏。于是提拔他为进义校尉、提举诸路皮货。其时,朝廷谋划攻伐南宋,征集财物以供军用,孙撒每年上供裘衣万余件,上下交口称赞。元世祖听闻,升孙撒为昭信校尉,佩金符,任诸路交钞都提举,主管货币印造、发行。过去,任此职者大多因中饱私囊获罪,孙撒廉洁无私,忠于职守,严格控制货币的发行与销毁,稳定市场秩序,促进商品流通,百弊不萌而群邪屏息。至元十六年(1279),南宋初平,急需贤才抚治百姓,朝廷于是任命孙撒为武略将军、同知台州路总管府事。孙撒事奉上级、接待同僚,无不推心置腹,以诚相待。数年之间,治化大洽。

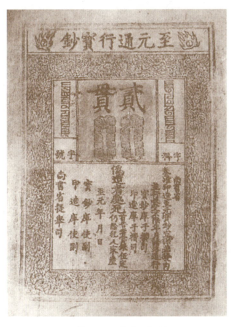

元代至元通行宝钞

　　至元十三年(1276)起,由于战事频繁,元政府为填补财政亏空,大量发行中统宝钞,钞法被严重破坏,难以支撑财政需求。至元二十四年(1287)孙撖建议朝廷改印至元宝钞,以一贯折合中统宝钞五贯。朝廷听取了孙撖的意见,任命他为武德将军、江淮等处行诸路宝钞都提举。不久,因孙公亮已年近七旬,儿子皆在外做官。为方便孙撖照顾父母,朝廷特召孙撖为武略将军、武备寺丞(从五品)。皇家内苑犀牛、大象倒毙,孙撖奉命与兄孙拱共造象甲、犀甲,精致坚固,近代无有。元世祖大悦,赏赐孙撖楮币八千贯,孙撖全部分给了工匠。元贞二年(1296)秋八月,孙撖因病去世,春秋四十有八。其子金武备院事孙谊合葬父亲孙撖、母亲笃剌氏于浑源州昼锦乡西留村孙氏先茔。

　　孙撖虽生长于富贵之家,却常以节俭自处。少而好学,善于理财。年未二十,祖母命领家务,孙撖度入量出,有条不紊。至于蒙汉双语、医相阴阳,咸造精妙,人所罕及。孙撖逝后,翰林侍讲学士郝采麟为撰神道碑。其铭曰:

　　　　草昧天开,群雄崛起。繁浑之源,储休孙氏。
　　　　既滈既潴,流芳未已。嗟武备公,凤雏骥子。
　　　　生而拔萃,钟气之奇。孝友其志,仁惠其施。
　　　　家有著范,治有去思。忠规义矩,荣耀一时。
　　　　方期振翮,横绝天池。而上于斯,有识伤谐。
　　　　横山之阳,草木苍苍。有隆其封,寔公一藏。

揭铭翠琰，表懿垂光。维子维孙，百世不忘。

孙威堂兄孙贵后裔

孙威堂兄孙贵为其叔父孙庆元长子。孙贵生有二子，孙公让、孙公信。孙公让娶张氏，生有四子，孙柄、孙抚、孙握、孙挥。今浑源县西留村孙氏先茔存孙四翁（孙公信）墓碣、故权千户孙公（孙抚）墓碣、善士孙君（孙挥）墓碣。

孙公信

孙公信（1226—1297），在弟行居四，故称孙四翁。曾祖孙伯，寿一百二十岁，无疾而终。祖父孙庆元、父亲孙贵，皆务农。孙公信自幼天性孝慈，教育子侄，和睦乡邻，为人称道。元世祖忽必烈即位之初，营作大同总府，孙公信负责遣送工匠于和林（今蒙古国哈拉和林），一年时间只能回一次家。路途虽然遥远，但孙公信天性散淡，不求进用，唯以田园为乐。大德元年（1297）冬十月二十二日终于家，寿七十二岁。

孙公信逝后，大同路儒学教授王导义为撰墓碣，其铭曰：

生于盛族，长于高闳。不慕爵禄，不事功名。
分祖遗财，让兄不争。爱兄之子，如己所生。
里间用和，交朋尽诚。送匠和林，不愆期程。
事毕而还，他无所营。务农保家，乐常而行。

年瑜耳顺，终葬称茔。子子孙孙，永昌永荣。

孙抚

孙抚（1233—1285），字仲安。长兄孙柄，好读书，署为州从事，直道正言，多有裨益。元宪宗蒙哥五年（1255），战事危急，元兵居淮河上游防备南宋乘舟入侵，宪宗诏选山西太原路、西京路良家子弟为兵。孙抚以兄读书，二弟尚幼，慷慨应选。入军后，万户刘公喜爱孙抚勇敢果毅，拔孙抚于行伍之中，留置左右十余年。孙抚勇敢卓荦，立志不回，攻城略地，不避矢石，屡获战功，因而被署为代理千户。

不久，宋人入寇，元兵与宋军仓猝相遇，一时不知宋军兵力多寡，颇为混乱。孙抚奋臂疾呼，且前且战，全军士气大振。孙抚带领元兵与宋军连续作战，十余日没有解甲。待援师继至，宋人虽锋头甚锐，亦为之气短，佯装安营扎寨，准备打持久战，却在夜里悄悄撤退。明年，孙抚又率三百元兵深入宋境，斩获颇多。主帅上表其功，未及受奖即以病还乡。二十年后卒于家，时至元二十二年（1285）十月九日，享年五十三岁，葬西留村孙氏先茔。

孙抚因病归乡时，诸弟请求分家。孙抚不能制止，遂将家产分于诸弟。旁亲劝阻，孙抚说："诸弟，父母之子。财用，父母家业。我性命尚且不惜，何况财业？"旁亲听后，羞惭而退。

孙抚逝后，大同路儒学学正姚匡弼为撰神道碑，其铭曰：

惟君孙氏,族茂望尊。正宪从侄,忠惠庶孙。

祖肃南驾,草昧未革。应诏从军,厥声允赫。

御敌深入,奋不顾躯。效勤十载,劳冠千夫。

温温其恭,矫矫其节。一逝莫追,有遗斯烈。

刻石荐辞,德音孔彰。宜昭后人,嗣庆不忘。

孙挥

孙抚弟孙挥(1240—1314),志行挺拔高卓,为人刚果不屈。孙抚从军,孙挥因年幼不能代兄而为恨尤甚,宗人劝孙挥:"父兄一体,孝悌一道。兄既已戍边,弟徒为无益之想,不如尽膝下之养。"孙挥幡然醒悟,自此参省以时,温清以节,终父母之身,不离左右。每逢荒年饥岁,遇亲戚贫困者,必全力周济。乡人因此而感激他,称之为善士。延佑元年(1314)正月十三日,因病终于家,享年七十五岁,葬西留村孙氏先茔。大同路儒学学正姚匡弼为撰墓碣,其词曰:

何君门之盛大,垂四世而德芳。

迨此身而益著,犹霁月之腾光。

鄙云烟之绝迹,曾不褒乎轩裳。

惟捧盈而执玉,日供养于北堂。

友悌极雁鸿之列,恩意浃昼锦之乡。

既晦灵公屋之秘,宜纪石横山之阳。

聊摭梗概以荐铭,庶百载崞川而并长。

泰定元年(1324),孙谐时任河东山西道宣慰副使,组织孙氏后人,为孙公信、孙抚、孙挥立碑于孙氏先茔。碑文由河东山西道宣慰使朱赟书写,孙谐篆额。

浑源古城位于大同盆地东南边缘,南依恒山,北临浑河,城墙呈八边形,街巷逶迤曲折,应对北方玄武星象,素有"龟城蛇街"之称。1993年,浑源古城被山西省人民政府公布为第二批历史文化名城。

附录　浑源孙氏世系表

孙伯	孙庆佑	孙通			
		孙达	孙陈		
		孙灵寿			
		孙国寿			
		孙德玉（女）			
	孙庆文	孙平	孙保德		
			孙县儿		
			孙香哥（女）		
		孙威	孙公亮		
			孙拱	孙谦	
				孙诏	
				孙诸	孙龙山
					孙□□
					孙□□
					孙濃头
					孙□□（女）
			孙撒	孙秀春（女）	
				孙玉真（女）	
				孙谊	

孙庆元	孙桂英（女）					
	孙贵	孙公让	孙振	孙保哥（女）	孙栢山	
					孙保孙	
				孙师姑儿（女）	孙金璋（女）	
					孙素哥（女）	
					孙安童（女）	
				孙柄	孙诱	孙寿春（女）
						孙素兰（女）
						孙端端（女）
						孙春哥（女）
					孙训	
			孙抚	孙琼		
				孙谭	孙黑斯	
					孙改山（女）	
					孙改云（女）	
					孙翠云（女）	
			孙握	孙鸾哥（女）		
				孙祥	孙马儿	
					孙松山	

孙诟			
孙志			
孙海			
孙谐			
孙粉哥（女）			
孙口哥（女）			
孙口哥（女）			
	孙择		
	孙翠哥（女）		
	孙芝哥（女）		
	孙当哥（女）		
	孙抑		
孙证			孙海孙
孙诉			孙曾孙
孙寿哥（女）			
		孙公信	
孙谏			
孙凤哥（女）			
孙重哥（女）			
孙琼花（女）			
	孙癸		
	孙梅梅（女）		
	孙秀梅（女）		

					孙诚
					孙讷
			孙丑口姑（女）		孙说
		孙公政	孙挥		孙访
			孙择		
	孙成		孙秀哥（女）		
孙禄和			孙玉莲（女）		
			孙茶哥（女）		
		孙则柔（女）			
	孙显				
	孙明				
	孙千寿	孙福德			
	孙珏	孙安德			

礼敬三宝高家

李 向 奎

浑源永安禅寺

　　浑源古城钟灵毓秀，人杰地灵。城内仅全国重点文物保
护单位就有四处，分别是始建于辽代的州文庙、金代的圆觉
寺释迦塔、元代的大永安寺、清代的栗毓美陵园。其中，大永

安寺由高定祖孙三代,历时百年创建而成。现存历史文献、寺院石刻及匾额记录了永安寺的建修历程。

高定其人

高定,生卒年不详,《元史》无传。明正德《大同府志》载:"高定,浑源人,敦信义,尚气节,仕为云中招讨使、都元帅、永安军节度使。定谓诸子曰:'吾蒙国恩,致位侯伯,布衣之极。'遂致仕而去。子仲栋有父风。裔孙遵礼,国朝景泰间以壮勇为百夫长,甚为总帅郭登所优。"

高定先后任云中招讨使、都元帅,皆为军职,可见高定本由行伍起家。云中即大同,唐朝初年,在今大同建置云州,后改为云中郡。云中招讨使司是蒙元初期在大同设置的军事机构,招讨对象主要为金朝残余势力,招讨使为该机构的最高行政长官。都元帅掌管边陲军旅之事,是都元帅府或行都元帅府的最高军事首脑。据《元史·百官志》:"宣慰司,掌军民之务,分道以总郡县,行省有政令则布于下,郡县有请则为达于省。有边陲军旅之事,则兼都元帅府,其次则止为元帅府。其在远服,又有招讨、安抚、宣抚等使,品秩员数,各有差等。"由此可知,元朝宣慰司管理军民事务,分道掌管郡县,为行省和路府州县间的承转机构。如在边陲地区,则兼都元帅府。蒙元在全国设六道宣慰司,分别为山东东西道、河东山西道、淮东道、浙东道、荆湖北道、湖南道。其中河东山西道宣慰司、都元帅府治大同路，宣慰使、都元帅，皆为从二品高官。高定任都元帅，职务已是"布衣之极"。

浑源高氏，原出李峪。据刘祁《游西山记》记载，金元之间，李峪村南有山名永安山，流波古木相交，景色如画。高定号永安居士，所建寺院名永安寺，应由此而来，与永安军节度使无关。检索《元史·地理志》："真定路藁城县，太祖十七年（1222）升永安州，以无极、宁晋、新乐、平棘四县隶之。太宗七年（1235），复为藁城县。"可见永安州作为行政区划，只存在了十四年。又据《元史·董俊传》，太祖十五年（1220），木华黎承制授藁城豪强董俊为龙虎卫上将军、行元帅府事，驻藁城。太祖十七年（1222），升藁城县为永安州，号其众为匡国军。据此，永安州驻军为匡国军而非永安军。检索《元史》《新元史》《常山贞石志》等文献，匡国军元帅董俊、王善，皆为藁城本地人，其间无高定任职记载。其后，赵迪、赵迪子赵椿龄，鲜卑仲吉曾任永安军节度使，此永安军或为撤消永安州行政区划后，由匡国军改制而来。但赵迪父子任职时间不明，鲜卑仲吉任职于金朝灭亡（1234）以后。其时永安寺早已建成，该永安军与浑源永安寺并无关联。

州城要寺

据《神州大永安禅寺铭》记载，永安寺始建于金。金卫绍王大安三年（1211），蒙古军入侵金西京（今大同市），西京留守纥石烈胡沙虎弃西京走还京师(今北京市),永安寺毁于战火。元太祖成吉思汗十五年(1220),本郡节帅永安居士高定、其子乐善居士高仲栋,礼敬三宝,邀请临济宗归云禅师驻锡永安寺,重建佛殿、云堂、方丈、厨库,数年之间,轮奂一新,成一方大丛林。至元二十六年(1289),高定子执节高仲挥、孙宣武将军高琰,邀请归云禅师重孙保德州承天寺西庵长老驻锡,创建大解脱门五楹,三门严丽,藏教焕然,成一时之壮观。延祐二年(1315),由高定孙将仕郎高璞捐资、月溪觉亮法师住持,创建永安寺主殿——传法正宗殿。经高定子孙三代及归云、西庵、月溪觉亮禅师建寺弘法,永安寺成为浑源州规模最大、文物类型最为丰富的"州城要寺"。

都元帅位高显赫,本人去世后子孙可袭职。据《元史·选举志》,元世祖至元十五年(1278)诏:"军官有功而升职者,旧以其子弟袭职,阵亡者许令承袭,若罢去者,以有功者代之。"至元十九年(1282)奏拟:"都元帅、招讨使、总管、总把,视其子孙堪承袭者,止令管其元军。"高定逝后,职务由其子乐善居士高仲挥继承,故《神州大永安寺禅寺铭》称其为执节。高定孙宣武将军高琰、将仕郎高璞,亦应由门荫做官,依例递减。

传法正宗

永安寺第一代住持归云禅师属临济正宗法脉,此宗在元初因归云禅师法侄海云印简备受诸君主推崇而得势,传法正

宗殿即弘扬正统、延续法脉之意。归云禅师圆寂于元定宗贵
由元年(1246),舍利安于四寺,分别为山西浑源永安寺、北京
西山潭柘寺、辽宁医巫闾山玉泉寺、河北赵县柏林寺,从侧面
反映出其广泛的影响力。

传法正宗殿整体高大雄伟、古朴劲健。大殿面阔五间,
进深六椽,单檐庑殿顶。殿顶正脊两端升起明显,呈现一条
中心对称两端起翘的弧线,四条垂脊既向正脊中线上方逐架
起翘,又向东西山面中线上方自然收拢,造型秀美,宛如行
龙。五条屋脊的组合意匠非凡,如鸟斯革,如翚斯飞。整个
殿顶曲线秀美灵空,极富翼然飘动的艺术美感。

传法正宗殿当心间檐下悬挂华带牌,与宋代《营造法式》
所载牌匾样式一致。匾正中书"传法正宗之殿"六个大字,体
兼颜柳,方整古劲,为元代大书法家雪菴和尚手笔。道光《大
同府志·卷十七》载:"李溥光,幼出家为僧,号雪菴和尚,喜读
书,经传子史,无不淹贯。善诗、工书,笔法遒劲,尤长于擘窠
大字,一时宫殿匾额,皆出其手。至元间,奉诏蓄发,受昭文
馆大学士,著雪菴集帖行世。"

匾额两侧另有六行小字,东侧第一行小字为"昭文馆大
学士|荣禄大夫|掌诸路头陀教|特赐|圆通玄悟大师|雪菴溥光|
书""传法住持|嗣祖沙门|月溪觉亮|立";第二行小字为"峕大
明嘉靖二十二年|岁次癸卯|五月吉旦|山西行都司|大同后卫
指挥使|郭江|重修"。西侧第一、二行小字为"峕大明万历十
五年|岁次丁亥仲春|钦从守备浑源城|以都指挥体统行事|指

挥使云中郭江子郭翰勋┃孙郭恒禄┃重立";第三行小字为"峕大元国延祐二年四月日┃大功德主┃永安居士孙┃将仕郎┃前本州判官┃高璞┃创建";最后一行小字为"峕大清乾隆二十六年重创并修"。

      1950年,北京大学教授、著名考古学家宿白赴浑源勘查期间,在永安寺发现雪菴和尚真迹,如获至宝。他在《浑源古建筑调查简报》中写到:"雁北僻县居然还发现六百年前名家榜题,真是出人意料之外!"

永安寺与北岳恒山历史文化渊源密切,闻名遐迩,古人多有诗文咏赞。寺内山门、天王殿、东西配殿、东西朵殿等文物建筑亦别具特色,堪称元明清时期寺庙建筑的杰出代表,具有重要的文物价值和社会文化价值。自金、元以来,永安寺与其附近的圆觉寺一直是浑源州城的佛教活动中心,寺内每逢清明节和中元节,均会举办隆重盛大的"水陆法会",其间演戏酬神、献乐娱人的活动久盛不衰。中华人民共和国成立后,佛事活动逐渐减少,然每逢年终岁末,仍有州民至永安寺歌祝祈禳,以求国泰民安、五谷丰登、六畜兴旺。

永安寺是千百年来浑源古城及周边地区广大民众每逢岁时节令举行庙会活动、感恩过往、祈求福报、憧憬未来的重要公共文化场所,是依然鲜活着的古老祭祀文化和当地民俗文化的重要文化遗产地,其积淀深厚的文化内涵广受世人赞扬。1986年6月,永安寺被山西省人民政府公布为第二批省级重点文物保护单位。2001年6月,被国务院公布为第五批全国重点文物保护单位。如今,永安寺已成为享誉国内外的重要历史文化游览研学胜地;当我们在永安寺游览,为恢宏壮观的元代遗构、金碧辉煌的明清壁画惊叹不已时,请记下它的创建者——浑源高家。

教育大家常安世

刘　继　胜

　　清军入关以来，建立起一个维持了近300年的少数民族统治中国的政权，将封建王朝的鼎盛推到极致。对于浑源来说，最大的好处就是北岳移祀，恒山物华天宝，浑源人杰地灵，名至而实归。邑人崇尚修文习武，历代名流辈出。盘点清朝浑源教育之启始，东河总督栗毓美受业于常安世门下，第一位进士常山凤得益于内承其父常安世庭训，名举人王尊贤则受业于常山凤，如此种种，可见常氏家族对浑源文化传承之吉光片羽。追思先贤，益觉常安世所起作用之大，不禁心向往之。

　　常安世，号康侯，山西浑源人，生卒年限不详，据推算大约生于乾隆初期，卒于道光前期。常安世生于书香门第，从他往上数五辈，都是取得功名的读书人，并且执教授业，这种情况在浑源历史中是极为罕见的。常安世家族对清代浑源教育所起的作用非常大，由是之故，光绪版《浑源州续志》评价道:"(常家)世以教学传家,所成就门人达者接踵。浑郡文风寖盛,实常氏启之。"

从现存清朝各个版本的《浑源州志》看,浑源科举发达的鼎盛时期莫过于金天会年间(1123—1137)之后,明正德年间(1506—1521)之前。明嘉靖年间(1522—1566)后,浑源文运阻塞,科举获售者甚少,从此进入长达二百余年的寂寥时期。

到了清乾隆年间,一个庞大的教育世家——常氏家族在浑源悄然兴起。常家最开始习文者是常安世之高祖常启明。常启明所处年代是清顺治初年,其时清朝立国不久,大同总兵姜瓖举义旗叛清复明,浑源人方应祥策动浑源守备唐虎响应,导致顺治六年(1649)浑源遭受清兵屠城。屠城对浑源影响深远,州邑的大多数人口被杀戮,总人口仅存三千余丁,不足原来的二成;浑郡元气大伤,文运之事更是一落千丈。此次兵燹之后,劫后余生的常启明刻苦研习制艺之学,通晓科举考试的八股文奥秘,得以名列岁贡,成为常门第一个获取功名之人。

常启明获售岁贡后,遂开办私塾,设帐授徒,开一代学风,成为常门教化启蒙之开山鼻祖。常门子孙依家从学,耳濡目染,进益自然超过常人,自此儒学教风辈辈相传。常启明子常景乐为廪生,孙常直为岁贡,曾孙常挺松再为岁贡,再下一代便是常安世,因此五代相沿,常门教业延续不绝。

清朝开国之后,浑源文运停滞,除康熙甲午科(1714)白贲乡试高中外,再无一位举人,隔个十数年得中一位乡试副榜已属难能可贵。乾隆五十一年(1786),常门的核心人物常安世丙午科乡试中举,终于打破了这种固有的平静,凝滞的局面随之豁然雾解,终于得常氏几代人的夙愿。常安世此次中举,撞开了浑郡长达七十多年文运不振的铁幕,犹如一颗石子扔入湖心,其泛起的涟漪四散开来,让沉寂许久的浑源文气为之一振,影响尤为深远。随后在嘉庆、道光年间,一批浑源士子在科举场上井喷式爆发,常门受业弟子占据十之三四,其中就有河臣之冠栗毓美、大教育家王尊贤等人。

常安世自幼禀承家训,读圣贤书,学圣贤事,有儒家之风范。同祖辈相比,常安世除了熟谙八股外,对于史学、政治、治世、道德文章等方面都有深入的研究和独到的见解,他勤学好问、虚怀若谷,对于学术事能够细心揣摩、用心感悟,成为浑郡的一位满腹经纶、继往开来的儒学宗师。常安世年轻时很早就成为生员(秀才),通过科考获得乡试"录科"资格,可是数次乡试总是搏击无功,让他颇感无奈。常安世涵养和修为至为深厚,虽乡闱屡战败北,但不骄不躁,肃然知礼,一往如常。

在家乡,常安世同历代常氏先辈一样,设帐讲学,悉心教导求学的弟子,同时还教化民俗,赢得一定的社会威望,被弟子和乡民视为精神领袖。常安世对孝友之事非常重视,他将住处起名为"孝友堂",以期达到身体力行的布化之效。

常安世虽得中举,但数次会试均告落第,不能继续登堂入室,便回到家乡继续传道授业。其时,常安世是名扬晋北、望重桑梓的大儒，周边州县慕名求学者络绎不绝，这当中就有一位日后担任河东河道总督的少年门生栗毓美。

据栗毓美回忆："自吾师勤学好问，揣摩者久之，于斯道愈有心得。所由循循善诱引翼多方，而兹土之文风视前为盛焉，且其意不重文。先生幼而好礼，坐立必端，无戏言，无戾色，比长则心怀民物，志切经纶，其识量所周实，洞悉帝升王降之故，奈有志未逮遗憾九泉，惜哉。名世者勋猷，传世者教泽。忆同堂讲学，先生词色蔼然，而规法则严。而正学者执经请业，懔若神明；虽有桀傲之人见先生，几无所措手足。"

在常安世的悉心教导和示范激励下，浑郡的学风呈一派繁荣气象。嘉庆年间，常门弟子耿鉴泉、穆松圃、耿西泉、张镜川、张橘泉相继而起，接连在乡试中式。这一轮科举大爆发中，栗毓美虽未能中举，但在嘉庆六年（1801）以拔贡的身份出仕，日后成为最显赫的常门弟子。常氏家族尤其是常安世的教泽对浑郡文运的兴起，起着关键性的作用。对此，常门弟子王尊贤认为这是师道教化所产生的结果，他总结道："周子（北宋周敦颐）曰：'师道立，则善人多。'此就'德行'言之，而'文艺'亦兴焉；天下然，一乡一邑亦然。"

清朝的科举制度规定，三科以上会试不中的举人，按例参加吏部"大挑"，即由吏部据其相貌应对挑选，以给举人一个晋身做官的机会。嘉庆元年（1796）前后，常安世在"大挑"中获售二等，历署岚县、兴县、闻喜县训导，选授右玉县教谕，过了十余年后，又被推升为蒲州府（今山西永济）教授。常安世虽未担任高官显宦,但教化极广,这些地方受其指导而出人头地的学子不可胜数。

嘉庆十五年(1810)前后,年迈的常安世辞官荣归故里。在家乡浑源,常安世将数十年心血所得著述成篇,汇成《学庸一贯论》《四书本义直解》《汉唐宋明四朝史略》三部巨著。这三部著述手稿明白如话,言简意赅,深受门人喜欢。常门弟子欲将之付梓印行,常安世始终坚持"不可以",因此这些著作未能广泛流传。不过,常老夫子去世后,有几位门生将这三部手稿传抄收藏,可惜的是以后再度散失殆尽。

嘉庆二十一年(1816),时任河南宁陵县知县的栗毓美因父亲去世,报丁忧回原籍守制三年。在家乡浑源,栗毓美见到恩师常安世非常激动,后来他回忆了这一段美好岁月:"吾辈家居,久暌道范,鄙吝复生,望先生如望岁焉。适吾师致仕旋里,年已八旬犹手不释卷,凡我同人请谒之下,辄与论列古今,终日无倦意。"在回忆中,栗毓美表示:自己已经很久没有领教恩师的风范和教益,自己一些鄙俗的坏毛病重新出现了,盼望见到先生的心情犹如盼望过年一样。当看到恩师年事已高还手不释卷,谈古论今,有种发自内心的高兴。

常安世望重乡里,泽被地方,乡民们认为他是无法超越和学习的圣贤大儒。对此,常安世说:"人们都说'圣贤不可学',这实在是一个错误。我不敢说能学圣贤,但求能学得他们的一二分,就不愧为读书人啦!"

常安世儒学立身兼修道学,年老时对道学精华的感悟愈深,众人都认为其水准已经达到很高的层次,给栗毓美留下了深刻印象。嘉庆二十四年(1819)春,栗毓美服阕期满,返回河南复任县职。临别时,栗毓美同相聚三年的恩师常安世依依惜别,两人从此天各一方,再也没能见面。

常安世死于道光五年(1825),享年八十余岁,他生前亲眼看到次子常山凤在道光乙酉科的乡试中式,后任内务府在京城所办景山官学的教习,十分欣慰。

常安世在浑郡有着很高的声望,浑郡乡绅和常家门生会商为其树立教泽碑,以留声名于后世。栗毓美其时职为正四品的开封府知府,是常门弟子中官职最高者,遂应邀为座师撰写碑文。栗毓美这通碑文题为《常康侯公教泽碑》,署名为"受业门生拔贡栗毓美"。其时,常山凤还未摘取进士桂冠,栗毓美便写道:"冢子山仲已贡成均,次子山凤已魁桂籍,非吾师大有功于名教,胡能若此?"

常安世育有两子:长子常山仲是一位廪贡生,曾任霍州训导;次子常山凤,号云溪,道光乙酉科(1825)举人,辛丑科(1841)进士。常山凤出仕前曾执教业,接引包括王尊贤在内的一批常门弟子获得功名,在当地影响很大;出仕后任职江西,官至余干县知县加知州衔,政声颇佳。常山凤得中辛丑科进士之时,名满天下的大清河帅栗毓美已去世一年有余了。

附一：

常康侯公教泽碑

受业门生　拔贡栗毓美

康侯，常老夫子君子儒也，生平读圣贤书即学圣贤事，久亲炙者，可知若不可知。浑郡於国初兵燹以后，通制义者自先生之高祖岁贡启明公始，传于子廪生景乐公，孙岁贡直公，递传于岁贡挺松公。嗣是家学相承、箕裘莫坠者。

自吾师勤学好问，揣摩者久之，于斯道愈有心得。所由循循善诱引翼多方，而兹土之文风视前为盛焉，且其意不重文。先生幼而好礼，坐立必端，无戏言，无庞色，比长则心怀民物，志切经纶，其识量所周实，洞悉帝升王降之故，奈有志未逮遗憾九泉，惜哉。

然而名世者勋猷，传世者教泽。忆同堂讲学，先生词色蔼然，而规法则严。而正学者执经请业，懔若神明；虽有桀傲之人见先生几无所措手足。其著述则有《学庸一贯论》《四书本义直解》《汉唐宋明四朝史略》，言近而指远，词简而意该，吾门久欲付梓，先生曰："不可！"是未足问世也。然至今钞习相沿亦几家有藏本，且夫古今来大器晚成，而卒职任。

闻曹以致学术之淹没而弗彰者,曷可胜道。

吾师年逾强仕始售乡闱,后经大挑,复列二等补右玉教谕,越十余年,推升蒲州府教授,何困顿若斯与,然虽未膺显宦,而文教广焉,两都人士附骥尾而行,亦彰者甚伙。而吾辈家居,久睽道范,鄙吝复生,望先生如望岁焉。适吾师致仕旋里,年已八旬犹手不释卷,凡我同人请谒之下,辄与论列古今,终日无倦意。尝有言曰:人皆云圣贤不可学,而至误矣,余岂敢谓能学圣贤哉,但学得一二分亦不愧为读书人。故其提躬也首重孝友,而尤恐子孙未克力行之也。爰名其堂曰:孝友堂。

信乎道学精微盖耄而益进舆,维时,冢子山仲已贡成,次子山凤已魁桂籍,非吾师大有功于名教,胡能若此? 无如相聚四载,溘然而终,今吾辈哭之痛追思不已,而发之为言长,言之不已,而勒之于石,非云足以彰德也,亦聊志衔感之情于弗置云。

附二:

常云溪公教泽碑

受业门生 举人王尊贤

周子曰,师道立则善人多,此就德行言之,而文艺亦兴焉。天下然,一乡一邑亦然。

吾郡国初文运未开,科名甚少。康熙甲午白公始擢高科,厥后或十数年而始发一人,或十数年而再发一二人。乾隆丙午科,吾康侯太老师领乡荐后,爰有耿公鉴泉、穆公松圃、耿公西泉、张公镜川、张公橘泉相继而起,文运似渐通矣。历戊寅、己卯、壬午,通而复塞。吾师云溪先生,内承庭训,外延师友,书夜攻苦,简练揣摩,至道光己酉二十年内,春闱获售者二,秋闱获售者十,副贡一,优贡二,选拔贡生五,出先生之门者十有三四。虽运会使然,而吾师接引之力要居多焉。吾师自辛丑登第,以知县用签掣江西,先补余干,调署贵溪。丙午、辛亥两次分房,所荐多知名之士,揭晓后来谒,闻教者心悦诚服,咸师事之。咸丰三年七月二十日,先生捐馆。州中闻之,感伤甚众,乃知吾师之德行,亦人所佩服,不独文艺然也。五年六月初八日,灵柩旋里,十二月初八日归窆,吾徒吊送者,相向哭皆失声,尔时即欲刊石志德,因门人散处四方,未能猝聚。是岁夏,众议佥同,爰为勒石,以志不忘云。

河东河道总督栗毓美

张　富

　　与林则徐齐名"南林北栗"美名扬,治理黄河"抛砖筑坝法"影响水利史一百多年,以身殉职于治河任上,被追封为太子太保,至今在河南、山东、江苏等地仍被百姓立庙祭拜和编入戏曲传唱,列入山西省廉政地图十三位直吏廉臣之一……《清史稿》评价"卓为当时河臣之冠"的清代道光年间河东河道总督栗毓美,是最受浑源人民喜爱的一位历史人物,数百年来,其治河事迹几乎妇孺皆知,他甚至在家乡留下端午节全县空城游园寄托追思的民俗。栗毓美身上蕴含的思想智慧、人文精神和道德规范,是留给后人的宝贵财富和精神高地。

知县任上二十一年:不以境遇通塞,少易素志

　　栗毓美,字含辉,号箕山,又号朴园,出生于清乾隆四十三年(1778)八月。嘉庆七年(1802)以拔贡考授河南知县。101

历任知县、知州、知府、粮盐道、开归陈许兵备道、湖北按察使、河南布政使、护理巡抚等职。道光十五年（1835）开始担任河南山东河道总督兼兵部侍郎、都察院右副都御使、提督军务。道光二十年（1840）二月十八日殉职于治河工地，享年六十三岁。

二百二十余年前的1802年，二十四岁青年栗毓美终于学有所成，他以拔贡的身份参加了朝考，喜中二等第二名。按照当时科考制度，被朝廷以知县用签分河南。满怀报国之志的栗毓美对未来踌躇满志，赴任之前去谒见山西学政莫晋（字宝斋），莫宝斋问他："何以居官？"他回答说："以洁己爱民济之，以勤慎持之，以恒久实心实力，不敢苟且随俗。"这句话实际上就是栗毓美未曾任职就定下的官箴。

栗毓美赴任出发前，有人告诉他，"居官必有先容"，就是说做官一定得有人引见，劝他"乞朝贵札以往"。对此栗毓美说："人贵自立，所知所行皆先容也，何事求人耶！"于是直接出发了。

栗毓美终生践行了其官箴，从"不以境遇通塞，少易素志"。他到任河南后，前三年是以知县待遇在省城开封奉命办差，之后整整十八年先后在温县、宁陵、武陟等十多个县代理、署理或补缺知县。其后，道光三年（1823），栗毓美升任光州直隶州知州，道光十二年（1832）担任河南布政使，不到九年时间完成了由七品知县到朝廷二品大员的升迁。栗毓美后来的升迁之快甚至超过曾国藩，曾国藩颇为自得的一件事,就是十年十升迁,而栗公用九年完成了十升迁,这与他任知县所在各处,皆"不忍一日不尽心民事""为官就当为民请善"有着很大关系,连道光皇帝后来也评价他"持躬端谨,办事实心"。

栗毓美甚至"虽公私交累"亦坚守官箴。嘉庆十七年(1812),栗毓美代理河内知县时,富户某因犯了事,官府打算对他定罪,连年来没有结案,很受拖累。栗毓美上任后立即予以审结办理。栗毓美卸职后,他们家以给栗毓美祝寿的名义送来三千两银子,栗毓美坚辞不受。四年后,栗毓美的父亲去世,因栗毓美廉洁奉公,还得借钱为父办丧事,据记载,"时公私交累,几于告贷无门。"富户某又以丧礼的名义送来三千两银子,人们认为栗毓美已"累不可支",况且对方又是以丧礼送来的,按道理栗毓美不会不接受,栗毓美却说:"吾与某素不相识,其所以厚赙者,因前事也。昔日守官箴不肯受人之馈,今敢因父亡境累遂负初心耶?"仍然谢绝了富户某。

功在河:"以砖代埽"治河经验影响水利史百余年

栗毓美最大的功绩,在于创新推行了"抛砖筑坝"的"以砖代埽"治河经验。栗毓美于道光十五年(1835)四月担任河东河道总督,八月即因抢险在河南原武段抛护砖土坝六十余道,到其去世后第二年开始大范围推广,一直沿用到中华人民共和国成立后,影响水利史达百余年。栗毓美也因此与李

103

冰等治河专家一起,被载入中国古代一百名科学家之列。

在我国相当长的历史长河中,古人们治理黄河,是采用"埽工"修筑堤坝以御水。所谓"埽工",就是采用石头混合秸秆或柳枝来筑坝堵水的方法。栗毓美在当县令时就发现,这种方法有个很大的缺陷,就是"埽工"中的秸秆或柳枝三四年就会因水的浸泡而致腐朽,并且因此导致堤坝"久溜刷塌",就必须赶紧按段补还埽工。这种传统"筑堤束水"的治河方法,要求有决口必堵,堵口修防耗费逐年增长,费用庞大。栗毓美针对"埽工"存在的问题,创新推行的"抛砖筑坝"的"以砖代埽"治河经验,采用的主要材料是河工砖,这种砖在烧制过程中就专门留有圆孔。筑坝时,以绳索穿入河工砖的圆孔,使砖四五块成串,抛入坝体,或者烧制专用的"砖橛"连固,层层加高,河工砖串或砖橛连和体逐步吸附河中泥沙,或根据实际需要加厚坝体,达到治水控水的目的。这种方法,克服了原来秸秆或柳枝容易腐朽的弊端,并且砖块吸附泥沙的能力很强,砖块和泥沙结合较为紧密,很有些现代水泥混凝土的意味,筑出的坝较为结实,大大提高了堤坝抵御河水冲击的能力。推行"抛砖筑坝"法,也使栗毓美"在任五年、河不为患",《清史稿》载其推行砖坝数年内,"三年未生一新工",为国库节省官银一百三十余万两,评价其"卓为当时河臣之冠"。

栗毓美认为,"以砖代埽"筑坝的好处就是既省钱又及时(可就地取材)。而石材价格高昂,且采运困难,用一立方米石料的费用可以购买两立方米的砖,同时碎石的虚方大(即石与石之间的空隙大），砖料虚方小。经过多次努力，皇帝批准制砖修堤。黄河两岸的砖窑也因此更加多了起来，直到中华人民共和国成立时，这种砖厂还依然存在。这是黄河上御水工程的一次革新，为我国古代水利工程技术的发展做出了重要贡献。

德在民："不忍一日不尽心民事"

我国历代安邦治国的一个重要思想，就是民本思想，"以民为本"是中华优秀传统文化特别是政治思想的核心内容。栗毓美身处清朝中叶，危难多变的社会形势和儒家传统思想的影响，使他对民本思想有着深刻的认识。栗毓美认为"凡事之有利于民者，断无不利于国"，他做官时刻心系民事国事，坚持"某一日为官，不忍一日不尽心民事"。栗毓美在做官的每一地，处处考虑民众之所想，不管困难多大，压力多大，甚至可能危及自己的仕途前程，都义无反顾把老百姓的民生放在第一位。具体在实践中，就是发展经济、赈济灾荒、积储仓廪以及修桥补路、铲除匪患等。同时，他几乎将一生的俸禄捐出，为老百姓谋利益。直到为官已三十多年后，他仍然对亲友说，"民瘼攸关，拊循乏术，弥切焦思，幸贱躯颇能耐劳"。

栗毓美"为吏当凭情理，不当恃气质，恃一份气质，则民受一分怨"的理政思想，"以洁己爱民济之，以勤慎持之，以恒久实心实力，不敢苟且随俗"的为官之道，以及"为官就当为

105

民请善""家庭之间惟以论情,不可争理"等朴素民本思想和做法,即使在今天,依然具有借鉴意义。

"吾一日为官,不忍一日不尽心民事"这句名言,诞生在栗毓美于嘉庆十八年(1813)在河南西华县担任知县任上。当时,河南山东直隶发生了史称"癸酉大饥"的严重灾荒,河南一连三季严重歉收,其时还爆发了波及数省、河南为主战场、史称"癸酉之变"的天理教起义,灾荒叠加匪乱,粮价暴涨,粮食奇缺到了难以想象的地步,一些地方甚至出现了"易子而食"的人间惨剧。在这种特殊的情形下,栗毓美在没有等到上级批复的情况下,无奈选择开仓放粮。对此,栗毓美的僚友们非常担心,认为栗毓美本身为官清苦,如果被追究责任罢免官职,并被责令赔补,一定是难以承受的。栗毓美却说,"某一日为官,不忍一日不尽心民事!以此罢斥何憾?"面对待哺嗷嗷、濒临生死边缘的老百姓,栗毓美的内心早已将个人得失置之度外。

栗毓美所在各任还审理了大量积案,皆两造心悦诚服,从无翻案,民间称之为"龙图"。他先后在怀庆(今焦作、济源一带)、彰德(安阳旧名)、开封等府,祥符(今开封市祥符区,曾名开封县)等县审理积案不下万余起,皆随案随结,当事双方心悦诚服,从无翻案。道光十年(1830)在任职湖北按察使期间,"各属积案四千余起"。栗毓美"因严定审理积案章程,申明定例,敕令依限解勘,应销案者照例详销,应省释者概行省释"。

嘉庆十五年(1810)九月,栗毓美卸任安阳县令后,仍留郡城审理积案,其间有戚姓兄弟因地亩涉讼,公谕以手足之义,戚姓以弟非同母,继母又溺爱其弟,公曰:"对继母尽孝,正所以报汝父汝母之恩。汝以弟非同母屡次争控,是知有母不知有父,且敢谤怨继母,子道与兄道两亏矣!"语未毕,戚姓磕头谢曰:"小人幼曾读书,未明大义,若非公言,几陷于禽兽。"因问处家之道,公谕之曰:"天理不外人情,家庭之间惟以论情,不可争理。情至则合理,伤情则非理矣。汝当反躬自责,友爱幼弟,诸事忍让,不可以继母之不慈,责汝弟之不恭也。"

政绩卓著:最高崇祀出自史上最节俭道光皇帝

栗毓美自做官以来,尽心职守,事无巨细,必究其源,实心实力,只图尽善尽美,爱士恤民之心未尝一日忘,最终于道光二十年(1840)二月十八日猝死在巡河途中。他去世后,同僚们帮助整理遗物,发现官邸"别无长物",只有两柜书,进而了解,得知其在家乡仅有40亩地,"悉为祭田(坟地),时仅有旧屋一区而已"。

这样的情况,确实令各级官员颇感意外,也深深震撼了道光皇帝。道光皇帝被史家称为中国历史上最节俭的皇帝,他在朝堂上甚至穿打补丁的衣服,当然,官员们也得学着穿打补丁的衣服。特殊节俭的道光皇帝,甚至御膳房杀一口猪都需要"奉旨"。

一般认为皇帝"金口玉言",但在栗毓美去世的六天之内，却竟然发生了皇帝连下两道颇为矛盾的圣旨的情况。一道，是栗毓美去世的第三天，即二月二十日，道光皇帝已发出督敕栗毓美圣旨，对其"降任两级留用"，其原因是在不久之前结束的"京察"中，河道下属的两名官员存在贪腐问题，栗毓美应负管理不力的责任。其时，道光皇帝还没有得到栗毓美去世的消息。另一道，是在六天后，即二月二十三日，道光皇帝发给内阁对栗毓美高度褒奖的圣旨。后一道圣旨，应该是道光皇帝得到栗毓美去世的消息，并了解到其官邸"别无长物"的情况后，对前一道圣旨的明确修正。这道圣旨明确"著加恩赏给太子太保衔，照总督例赐恤"，并强调"任内一切处分悉予开复"，而后来进一步的实施高规制、准皇陵的"御赐祭葬"，以及为其在家乡修建河帅府，则是给予一位清官廉吏应有的尊崇和真诚的致敬。

在浑源老百姓口口相传中，栗毓美陵墓的众多汉白玉构件本来是道光皇帝打算自己去世后用的，但道光皇帝被栗毓美一心为国所感动，就在其家乡浑源为栗毓美修建了一处特殊规制的陵墓。

需要说明的是，栗毓美去世的1840年，正值大清朝多事之秋。那场给中华民族留下难忘耻辱记忆的鸦片战争，让《南京条约》、割让香港岛等耻辱字眼，成了中华儿女心中永远的痛。那一年，战争军费加上赔款，不仅花光了清政府几乎全部的国库白银，也让清政府的财政卯吃寅粮、入不敷出。栗毓美陵墓和栗家府就是在国家财政最为拮据的时候、由历史上最为节俭的道光皇帝下令敕建的。这实际上充分体现了道光皇帝对一代治水名臣栗毓美功绩的肯定和褒奖。

永驻民心：各地河神崇祀和浑源端午祭祀民俗

因为治河成绩突出，栗毓美被各地民众崇祀为最后一位"河神"，其"河神"身份屡次获得朝廷加封。

全国最大的河神庙——河南武陟县嘉应观中大殿上供奉的主要的四位"河神"，分别是：被封为"金龙四大王"的宋人谢绪；被封为"黄大王"的明朝万历年间出生的黄守才；清代首任河道总督朱子锡鞠躬尽瘁，年仅四十四岁就卒于任上，被封为"朱大王"；清中后期同样殚精竭智、以身殉职在治河工地上的栗毓美，则被封为"栗大王"。

至今，在河南宁陵县、西华县、扶沟县和江苏清江浦等多地仍保存有祭祀栗公的栗大王庙、三官庙或遗址，在开封、武陟、宁陵等地流传有众多关于栗大王的故事传说。

栗毓美去世后三十三年，即同治十二年（1873），正式被册封为河神，是去世后最短时间内完成凡人升格为神的，也成为中国历史上最后一位河神。同治、光绪年间多次被加封，并且有规定的专门祀制。

在浑源当地，留下端午节全县万人空巷游栗毓美陵园祭拜的民俗。每年的端午节，全县人民自发从各条街巷汇聚到栗毓美陵园，前来瞻仰、凭吊一代代浑源人民都尊称为栗大人的先贤栗毓美。端午节当天,栗毓美的后人也从全国各地赶回浑源举行隆重的祭祖仪式。而在栗毓美陵园周围,端午节期间也会自发形成卖食物、衣服甚至各种杂耍表演的市场。

几年前,时任大同市委常委、纪委书记的卫洪平听说这个情况,百忙之中专门在端午节到栗毓美陵园来亲身体会和感受,他后来在《能臣廉吏栗毓美·跋》中说,"那个场面我亲眼见过,出出进进有四五万人。"

栗毓美任职的各地,还留下了许多佳话,如"大水不淹宁陵县、只因有个好知县""栗大王夜巡开封城""择婚要选栗毓美,嫁人要嫁栗大佬"等等。栗毓美的事迹和传说还被改编成戏曲等形式,广为传扬。豫剧《义烈风》二十世纪三十年代在开封首演,至今是郑州豫剧院的经典剧目之一,在二十世纪五十年代到八十年代,台湾豫剧团演出的该剧在台湾久演不衰。还有,经担戏《栗大佬还债》,至今在武陟嘉应观的二月二庙会传唱不衰。

兰州知府、权甘凉兵备道栗烜

李 向 奎

栗烜,字小园,号春坪,栗恭勤公长子。生于嘉庆五年(1800)十一月,逝于咸丰十一年(1861)六月,享年六十二岁。

庐州断案

栗烜自幼聪明敏锐,道光十一年(1831),由廪贡生挑取恩科,先后任顺天乡试滕录、刑部直隶司员外郎。升河南督捕司郎中,兼理山东、江西、四川司督办。道光二十三年(1843),因任职期间公正严明,特旨授安徽庐州(今安徽省合肥市)知府。到任后即重修包公祠,大力发展教育、端正士习、维护风俗、教化百姓、打击土豪郭二虎等,贪吏畏惧而百姓感恩。当时,有苏州人郝某觊觎同乡李夥白银六百两,将李夥杀害并侵吞银两。栗烜外出时,有乌鸦飞翔在官轿左右,心下奇异,就跟着乌鸦前行,见乌鸦降落在乌村的一处新坟上，啼叫甚哀。问乌村百姓，皆不知坟主是谁。于是命令衙役挖开查看，发现一具带伤刚埋不久的尸体。随即命令保甲保护现场，自己回官署后换上商人服装，前往市井间私访。查到一茶馆新近开张，店主与佣人形迹可疑，栗烜进入店内饮茶时，恰好听到店主与佣人因分赃不均而互相责骂。于是将店主及其妻子、佣人传唤至公堂，经过审讯对质，店主郝某承认了自己的罪行，庐州人奉栗烜若神明。

凉州惩恶

不久，栗烜被朝廷调往安庆府（今安徽省安庆市）。母亲吴氏逝世，栗烜服丧期满，再任甘肃凉州府（今甘肃省武威市）知府。凉州地瘠民贫，栗烜报请朝廷，为凉州减税降费，促进经济发展。西番回匪骚扰百姓，栗烜率兵平定，歼灭首领数人，一府悉安。其时，凉州粮市被黑恶势力小马三、王三盘踞，大小粮铺每月向小马三、王三交纳保护费，铺主苦不堪言。小马三依仗弟弟在军营中任把总，尤其凶横。栗烜命令手下将小马三逮捕，依相关律令判处，并戴枷沿街示众，绅商百姓拍手称颂，立碑颂德。

兰州救变

不久，栗烜再调兰州知府，沿途百姓夹道迎送，颂青天、称菩萨者,交口一词。兰州书院年久失修,栗烜到任后即兴修学舍,改善学生伙食,并自己出资奖励优秀学生。任职期间,恰好碰上营兵缺饷,累积五十余万,镇守军官常公出行时被兵卒围逼,几至哗变。栗烜闻讯,前往晓谕,承诺兵卒,次日往兰州府衙领饷。第二日,兵卒群集衙前,栗烜向诸营营长致歉:"兵饷过些日子才能下拨,兰州府素无积蓄,如何垫发?昨日恐诸位被兵卒拖累,只好暂时应承。愿各位回营安慰兵卒,再坚持几天,不要因为一时激愤而生出是非。"众人素知栗烜历来以诚待人,立即解散回营。过后数月,兵饷下发,一军尽安。朝廷再次调任栗烜代理甘凉兵备道,赏戴蓝翎,钦加道衔。不料未上任即病卒,归葬浑源州栗氏坟茔。

栗烜生平笃好经史,善长篆隶书,精通医术。在各地任职期间,公闲之余即开堂坐诊,为百姓治病,整日不休。对同乡与亲戚,周恤倍至。凡婚丧嫁娶,一律徒步前往,有谦谦君子之风。栗烜继承父亲的遗志,凡本籍修桥、治路、兴学等善举,每每倾囊相助,因而被乡里推重,可谓不坠家风矣。

湖北按察使、摄布政使栗燿

李 向 奎

栗燿（1808—1862），字仲然，栗恭勤公次子。生于嘉庆十三年，逝于同治元年，享年五十五岁。

十年寒窗

栗燿幼年机警敏捷。刚入学不久，恭勤公问儒者以何安身立命，是"席上之珍以待聘、夙夜强学以待问"，还是"怀忠信以待举、力行以待取"？栗燿应声而答："待价而沽，唯儒者然也。"恭勤公所问，出自《礼记·儒行》。栗燿所答，出自《论语·子罕》，可见栗燿在入学前已经学习过不少儒家经典，而且牢记在心。栗燿的回答让众人非常惊奇，都称他为神童。栗燿年纪稍长，更是嗜学如命。父亲栗毓美长年在外任职，频繁迁官，栗燿亦随父母辗转各地，承欢膝下。母亲吴氏心疼儿子身体瘦弱，让他暂停学习。教师王士桓爱惜学生才华,亲自向吴氏请求,让栗燿完成学业。

道光十五年(1835),栗燿以举人进京应试,落第不中。道光二十年(1840),同学约栗燿一起入京,其年栗恭勤公已六十三岁,栗燿意欲侍奉父母,不打算科考。恭勤公劝曰:"名以显亲,成名足慰亲心,即益亲寿,有何不可?"栗燿于是入京应试,科场事毕,听到父亲去世的消息,放声大哭。朝廷因恭勤公治河有功,恩赐栗燿为进士,栗燿更加悲痛,叹气说:"父亲让我入京考取功名,我不能了却父亲遗愿,反而因父亲去世受恩,实在是辜负父亲的期望啊!"为父守丧期满后,须补廷试,因母亲吴氏年老,不愿入京,几经督促才前行。

宣力湖北

廷试之后,栗燿被朝廷用为知县,大家都替他惋惜。后就内阁中书改官同知,按照资历依次补缺,再以知府归吏部考选,众人才觉得实至名归。不久,母亲吴氏去世。咸丰三年(1853),栗燿服丧期满,朝廷任命他为汉阳府(今湖北省武汉市汉阳区)知府。其时,太平军攻陷汉阳,众人都劝栗燿不要上任。栗燿奋然曰:"栗家世受国恩,岂能避难?"慷慨赴任,湖广总督杨需委派栗燿管理营政。咸丰四年(1854),清军图谋夺取武汉,大军驻扎杨店(今湖北省孝感市孝南区杨店镇)。太平军得知后,从黄冈、孝感来袭,栗燿率兵奋击,斩俘万计。于是进逼汉阳,连战皆捷,光复武汉。总督府以汉口为双方必争重镇,令栗燿屯守险要,并上报朝廷,赏栗燿戴花翎,加道衔。不久,太平军由黄梅县进犯武汉,双方激战于沙口(今武汉市黄陂区),太平军援军蜂拥而至,栗燿大腿被矛刺中,血流淌地仍裹创力战。都帅自觉不敌,率先遁去,汉阳失陷。其时,总督杨霈驻军德安府(今湖北省安陆市),因为太平军攻陷随州(今湖北省随州市),杨霈率军赴援。太平军探知城防空虚,从小道偷袭德安府,德安沦陷,杨霈因此被罢免。朝廷命官文接替湖广总督一职,继续攻打太平军。官文素知栗燿有谋有勇,令栗燿随军协剿,大军依次收复随州与德安,再度攻克汉阳。总督府上功朝廷,得旨,栗燿以道员任命。湘军将领胡林翼巡抚湖北,委派栗燿筹备军械,支援安徽。

咸丰八年(1858),栗燿充湖北乡试监试官。事毕,奉命至黄州(今湖北省黄冈市黄州区)负责营政与粮台事务。巡抚胡林翼因栗燿敏捷干练,遇有疑难不决之事,即前去征询意见,因而胡林翼守边数年,收复皖地数百里,栗燿出力最多。再以功代理荆宜施(管辖荆州府、宜昌府、施南府等)兵备道兼盐督钞关,刚上任,得旨加按察使衔。栗燿因感激皇恩深重,又考虑盐税事关军饷,倍加勤勉,时时刻刻为部队筹划。是年,栗燿补授盐法武昌道,在任综核严密,规费入私者尽归公家。终任,共征盐税八十余万、关税十万。咸丰九年(1859),云南李永和、蓝朝鼎等作乱,波及四川,商旅不通,盐税征收不能按时完成。又因荆宜居四川下游,官兵取道荆宜入蜀,供给繁多,皆赖栗燿苦心经营,得以办理。

荆州城西北有万城堤,城低而堤高。夏秋江水泛涨,几与堤平,一旦决口,则荆州城顿成汪洋。乾隆五十三年(1788),水决堤入城,淹没居民数万人。咸丰十年(1860)夏天,湖北、四川大雨如注,江水肆虐,涛声如雷。栗燿挺立堤岸,率领军民抢险抗洪,偶有浪涛突起,大堤欲崩,百姓哀号声不绝。栗燿岿然不动,指挥工役,整夜没有合眼。数日之后,咆哮的洪水退去,栗燿仍坚守工地,直到老百姓全部安定,才回到衙署。

鞠躬尽瘁

咸丰十一年(1861),太平军联合李永和、蓝朝鼎,从四川、贵州二省进犯施南府(治今湖北省恩施市),栗燿上报总督府,请屯重兵为备。同僚认为施南府地势险要,易守难攻,而且地瘠民贫,敌军即便占领,也没有可以掠夺的物产。栗燿告诫同僚:"施南府与宜昌府毗邻,我军控制,则可阻止敌军东下。被敌军夺取,北上巴东,则扼宜昌水路咽喉;东下鹤峰,则扼宜昌陆路咽喉。如果继续东下松滋,荆州便首当其冲。巴东、松滋皆长江上游要害,敌军觊觎楚地已数年,不早加防备,万一失守,后悔何及?"总督府听取了栗燿的建议,通告施南府郡县召集民团,预先防备,并派湘军将领刘岳昭率兵移驻施南。刘军尚未到达,李永和、蓝朝鼎军已由利川入侵来凤，贵州太平军亦从然山入侵，两路军队共有十余万人，来凤失陷。施南府副将惠某率军援助来凤，不幸战败，全军尽没。施南府大震，荆州、宜昌戒严。刘军急忙扼守宜昌、恩施险隘，步步为营，进逼来凤。联军战败西走，清军尾随其后，不断骚扰，联军死伤无数，惨败入蜀。来凤争夺战中，栗燿料敌机先，事前储备粮饷，展示了卓越的军事才能。又因总督府知人善任，提前防备，所以刘岳昭可以占据险要，击败联军。

同治元年（1862）秋，栗燿升任湖北按察使、代理布政使，因其父栗毓美曾任该职，栗燿认为应该继承先人遗志，实心办事、公正为民，于是名其堂为"诵芬"。冬十一月，山东来征兵且催饷，数额巨大。栗燿认为要让山东安定，非筹办粮饷不能。而江苏、安徽两省用兵，粮饷亦依赖湖北。瘠楚肥鲁，湖北也将民不聊生，百思不得其解。于是召集僚属，商议万全之计，不幸思虑成疾，竟因此病卒。

栗燿为人缜密周全，孝友出于天性。兄栗烜去世，栗燿悲痛欲绝，视侄国华如己子。叔父栗毓彩患疮疾，腥臭不可闻，栗燿亲手为叔父洗浴敷药，叔父病情得以好转。栗燿勤奋好学，精通史传及经世诸书，兼工书画。栗燿在湖北任职多年，感人尤深，去世之日，兵民皆失声泪下矣。

一代儒将张清元

晋 宏 志

栗氏墓园是清道光年间河东河道总督栗毓美的坟茔,俗称栗家坟,栗家坟垣外大门东侧的神道碑是由清代三代帝王师(道光、咸丰、同治)、四朝文臣(嘉庆、道光、咸丰、同治)、军机大臣祁寯藻书丹。祁寯藻是清代中晚期著名的书法家,他学书由小篆入楷书,师承王羲之、王献之,后学颜真卿、柳公权,集众家之长,自成风格,有"一时之最""人共宝之""楷书称首"的赞誉。这通栗恭勤公神道碑碑阴5000多个2.5厘米的小字,无一笔苟且,神清骨秀,雍容端庄,碑阳大字颜筋柳骨,深厚遒劲,是稀有的书法珍品、文物瑰宝。

鲜为人知的是,在浑源县还一块清代官员的墓志铭,其中篆额中的二十九个大字也是由祁寯藻所书,这块墓志铭的主人就是清咸丰年间的安徽特用道张清元。

张清元,字元卿,一字子海,号镜川,山西省大同市浑源县城关人。曾祖张鹏,祖父张国安,父亲张梦麟,均为庠生,祖父张国安曾任靖远营把总。

张清元自幼受到了良好的家庭教育,知书通礼,敬老尊贤,容止可观。稍长后,更加勤奋好学,曾在恒山脚下结庐,悬梁刺股,废寝忘食,不问世事,埋头苦读。他天资聪颖,记忆力超群,饱读经史。他的文章,旁征博引,别出心裁,受到学政陈希曾、黄钺的赞叹和器重赏识。嘉庆十五年(1810)由廪生膺乡荐为庚午科举人,道光丙戌(1826)以大挑被分配到安徽上任。当时,有名望的官员士绅都为他没有考取进士而深感惋惜。在安徽省,他历署潜山、定远、合肥、凤台诸县及寿、亳二州,补授怀远知县,升宿州知州。因勤能、政绩卓著,受到咸丰帝召见和褒奖。咸丰三年(1853),因军功赏花翎,晋升颖州知府。咸丰九年(1859),因守浮山功升安徽特用道。

捕盗抓贼,办案如神

张清元所在州县任内,听讼断狱必明察秋毫,多方取证,虚心研究,缜密审理,从不严刑逼供。

在怀远任知县期间,有一无头尸案,几天过去了也没有死者家属到衙门告状。张清元正为此案感到困惑时,一天,有个人到衙门控告他的雇工常某拿着他的财物逃跑了。经审问,得知常某在他家当雇工已经很多年了,人还比较老实,平日里也没有什么不良行为。可是就在前些天,他让常某带着财物出去办事,结果走了个拍马不回头——再也没有回来。张清元听完此人诉说后,忽然想到了无头尸案,他推测那具无头尸很可能就是常某。于是,传唤常某的妻子和儿女前去验证,结果,死者穿的衣服和鞋子以及身上的瘢块、痣与常某的妻子所说完全相符。后又经查访得知,亳州有个名叫钱五的人,家境一直很贫穷,近日却暴富,花钱非常阔绰。经盘问,钱五语无伦次,脸色很不自然。于是,张清元下令将钱五逮捕。经过审讯,钱五说出了实情,承认常某是他所杀。巡抚衙门对此案存疑,四次派人重新审核,结果和张清元初审完全一致。

平反冤狱,严整吏风

张清元为政铁面无私,案无留牍,除暴安民,惩处腐败奸吏,绝不姑息,对玩弄文字技巧、歪曲法律条文的胥吏都要按法严处。在寿州和合肥任职时,诉讼案件很多,张清元终日在堂上审理案件,对被控诉的人立刻拘于堂前对质,原告被告对断案结果都非常满意。

寿州州吏张永年多年来大肆贪污,张清元查出后很快将其逮捕诛杀,对众吏起到了儆儆作用。定远县不法小吏在室内地下挖了一个大洞,能容纳数人,名为锅底牢;胥役向打官司的人索要钱财,得不到满足就锁入牢中,有的竟被折磨致死。张清元知道后,立即派人抓捕并就地处死为首的不法吏,打开牢门,放出被关押的民众。一时,老百姓拍手称快。

寿州正阳关设有盐卡,丁役以权谋私,张清元到任后撤销了盐卡,把没收丁役的不法收入接济给贫困的百姓。

庐、凤等州,民风强悍,盗伙和盐枭互相争斗,抗官拒捕。张清元围剿捣毁了他们的窝点,先后缉获巢县、庐江、合肥各县盗首戴三、沙祖绳、刘大辫等,将吴兆丰、姚绍先、孔昭秀、王雨簪擒获正法,设计擒获了窜匿多年的盗首倪树明等。安徽巡抚程楙采上奏朝廷,称张清元是安徽省缉捕勤能第一人。

张清元廉洁勤政,铁面无私,损害了某些人的利益。道光十六年,张清元被诬告积压多案,公泄私愤,杖杀长随。朝廷下旨:"著色卜星额同藩司程楙采严查,从实究办,毋许稍有含混。"道光十七年,色卜星额奏:"查明前署合肥县知县张清元,委无废弛民事,惟长随傅明因公被责,旋即病故,得旨,张清元于长随傅明奉差解犯,逆不上路,致犯逃脱,既经讯责,复行决杖,究有不合,著交部察议。"诬告者不但没有得逞,反而从此事后,上级更加看重张清元。

作战勇猛,功绩卓著

张清元精通兵法,善于谋略,作战勇敢。在战场上每次都冲锋在前,经常匹马入敌阵。咸丰元年(1851)奉旨赴办粤西军务,跟随广西巡抚周天爵在广东大黄江东与太平军作战。张清元率领广西兵勇转战于浔梧各郡山谷间,经常单骑督阵,曾多次向周天爵上陈战守方略,虽然没有完全被采用,但是周天爵更加看重他,视为左右手。当时洪秀全、杨秀清带领十余万人盘踞在紫荆山,敌众我寡,且山势险要,近逼强攻很难取胜,张清元主动请缨,偕同军门向荣、观察使张敬、太守李孟群率兵沿山路盘旋而上,引太平军倾巢出击,主力绕道袭击敌军。战斗中,张清元冒着枪林箭雨冲锋在最前面,单骑在重围中往来冲杀,众将士无不叹服他的勇猛。

咸丰三年(1853),周天爵初任安徽巡抚,后辞去巡抚专事军事,以兵部侍郎衔督师剿捻。在安徽,周天爵更加倚重张清元。当时捻军十余万众据守在河南多处,张清元在亳州抓获捻军间谍并端掉窝点,过了几天,捻军潜伏桥下,清军急夺桥,守备杨某凫水登岸,摧毁了捻军防御,斩杀了头目杨广义,捻军溃散逃跑。张清元兵分三路乘胜追剿,捻军马乐、田号、马老虎部众尤为凶悍,半路设伏兵万余人欲伏击清兵,想用话语激怒张清元,引诱清兵进入埋伏圈,张清元识破了他们的计谋,匹马率先冲入敌阵,拔掉捻军旗,后面跟随的清兵乘势击溃敌军。又用大炮轰击据守敌兵,敌兵惊慌逃窜,伤亡惨重。此时,另股捻军想从后路袭击清军,张清元指挥大炮轰击,敌军大败。

咸丰三年(1853)七月,周天爵移军颍州、亳州,命时任宿州知州的张清元援剿河南永城,擒获了捻军头领胡万箱、孟传太、方汝潮。后回军亳州,会同参将钱朝举斩杀了捻军头领杨广义,然后进剿雉河,大破捻军,斩杀了捻军头领马老洸。八月,颍州汉回相仇杀,署庐凤道袁甲三抵正阳关,下令不分汉回,只问良莠,命知府张清元、知州熊英兜剿阜、亳五十八捻,擒获了捻首姚旋儿、李致汶、穆坎、王长青、宫沅等。

咸丰七年(1857)四月,捻首张凤鸣、桑皮脸屯桑家林,截驿路,张清元乘敌人不备向其发起进攻,擒获捻军首领并将他们凌迟处死示众,一郡百姓欢呼称快。此时,另一路由曹怀勋和王云会带领的捻军正向桑家林方向赶来,张清元挑选骁勇将士连夜赶往大桥集,埋伏夹击来敌,擒获并斩杀头领曹怀勋、王云会。

捻军头领卜黑小,即卜殿青,是捻军中比较重要的头领之一,多次攻陷城邑,大肆屠戮,乱杀无辜,荼害百姓。九月,卜黑小盘踞龙山东北的青疃,倚险为固。张清元督军与之鏖战,擒杀了头目朱善真,谢云,唯独卜黑小换便衣逃脱。张清元设计派遣降兵谢永年等混入捻军队伍,生擒了卜黑小,多年的悍匪终于被除掉。当时连年干旱的安徽一带,在这场战役后却下了一场大雨,老百姓欢呼雀跃,认为这是除掉了强暴的原因。

张清元鞠躬尽瘁,不遗余力。咸丰八年(1858),奉命守浮山,浮山在盱眙县境,绵亘数百里,是淮河流域重要的军事屏障。十八股捻军盟主张洛行率大军攻打清江、姑苏。清军惶恐不安,巡抚派守将防御堵截,反而因害怕一病不起,没有行动。这时,张清元毅然担任起防堵的重任,他登上浮山观察了整个淮河的形势,在浮山西南筑起炮台,把军队驻扎在山下,做好了一切备战工作。十一月,数万捻军向浮山发起攻击。张清元指挥水陆两路清军夹击,正面用火统、大炮攻打,击退敌军进攻。这样相持了五昼夜,枕戈露宿,难以稍做休息,敌军士气大衰。张清元又乘东北风起,火攻敌船,敌军舟樯楫都被烧毁。张清元趁机鼓舞士气说:"这是天助我军。"说罢率部杀入敌阵,敌军大败,退撤的敌军又被早已埋伏在路上的官兵截杀。此一战共斩杀和俘虏敌军万余人。此后,捻军没敢再过清江向东进攻。

鞠躬尽瘁,死而后已

由于长期风餐露宿,忙于战事,张清元积劳成疾,病入膏肓,最后,行动走路都很困难。但是,他在重病的情况下仍没有离开前线,他在军营中手绘地图,制定作战防守方案,谋划诱擒捻军总盟主张洛行的策略。但是天不假命,张清元壮志未酬,便于咸丰九年(1859)二月二十日子时病逝于浮山军营中。朝廷特旨赐卹:晋赠太仆寺卿衔、恩赏祭葬银两、给予难荫入城治丧。咸丰十一年(1861),从督豫、皖、苏三省军务英桂请,朝廷恩准入乡贤祠。

张清元性笃仁孝,性格刚毅,轻财好施,军民都乐意听他所用,然而他不阿谀上级,任知县二十多年,一直没有升迁。他勤于政务,闲暇时喜书法,谨遵古法,虽家常小札用笔也不失法度,读书务倡明正学,以理性为宗,旁及诸经史,著有《赏心亭诗文集》。

文明守望的"真好古者"麻席珍

张　富　王海生

之于一座城市而言,被誉为人类文明之光的青铜器,无疑代表着这座城市文明的高度。浑源李峪青铜器出土的1923年,正是国内混乱不休、国外列强虎视眈眈的乱世,这批后来被著名古文字学家、考古学家商承祚赞为"此皆宇宙间奇诡可喜仅存之物"的国宝重器,自出土之日,便命运多舛、饱受劫难。然而,不幸中的大幸,一位慧眼识宝的"真好古者",其时执着追索各件宝物情状,并潜心完成了《古物记》《古物歌》《古物图说》等著述,为后世留下了极具分量的宝贵财富,更为浑源文明的高度描绘了浓墨重彩的一笔,当然,也使他本人与商承祚、容庚等名家们一起彪炳史册。这就是本文的主人公麻席珍。

（一）

　　　　　麻席珍(1866—1943),字聘庵,号国华,浑源县水磨疃村

麻席珍

人。他自幼好学，读书勤奋，后因家境困难，中途辍学，无奈之下走西口（内蒙古）教书谋生。清光绪二十八年（1902），由廪生科试中为举人。光绪二十九年（1903）37岁时，充任大同府兴和厅浑源州各中高学堂教职员。光绪三十二年（1906）分发河南候补，先后充任河南藩署咨议局委员、旅汴中学堂监督、第二师范学堂监学。宣统二年（1910）考取法官，充任陕西长安审判厅推事、山西太原地方审判厅民庭庭长。辛亥革命推翻清王朝后，麻席珍历任山西闻喜、晋城、沁水等县知事（民国初期对县一级最高行政官的称呼）。其间，充任山西政治实察所所员，两次委赴省内各地考察政治，三次因主客观因素卸任回浑。

麻席珍参加的清光绪二十八年科考节点有点特殊，这里稍作介绍。

　　麻席珍当时参加的山西乡试,为中国古代科举考试之一。清代的科举制度与明代基本相同,乡试每三年举行一次,即在子、卯、午、酉这四个年中的八月举行乡试,又称"秋闱"。参加乡试的是秀才,考中者成为举人,又称孝廉。考中举人即取得第二年参加会试的资格,而且也算是有了做官的"正途出身"。

　　麻席珍参加乡试的清光绪二十八年为壬寅年,并非子、卯、午、酉,这又是怎么回事呢?原来,应该在庚子年(光绪二十六年,1900)举行的山西乡试,因八国联军入侵无法举行,结果延迟至壬寅年(光绪二十八年)开科,即补行庚子、辛丑恩正并科。

　　这次山西乡试另一个特殊之处,就是并非在山西省会而是在陕西省会举行的。当时山西因"拳乱"受害深、赔款重、支应繁,无力承办乡试,岑春煊便奏请朝廷"秦、晋两省乡试,拟恳合闱办理,以期便利而省繁费"。清廷予以采纳,并令政务处会同礼部速议并拟定山、陕两省乡试合闱办法,定于两省士子在陕西省会西安进行考试。虽曰合闱,但不是完全合并,而是山西乡试借闱陕西,两省分校试卷,分置其权,翰林院编修朱延熙为陕西乡试正考官,编修曹福元为山西乡试正考官。

　　浑源士子这次乡试中高名挂榜者共7名,其中6名举人、1名副榜,举人分别为王苁臣、程廷遇、麻席珍、王彰善、姚德厚、张凤鸣,副榜为刘克勤,此科是浑源有清以来考取举人最多的一次乡试,山西全省共取录举人140名,麻席珍高中第59名。

(二)

时任浑源知事李兆麟评价麻席珍为"真好古者"(《浑源出土古物图序》)。其曰:"麻君国华,固精于鉴古,勤于考古者。余就问古物发现情状,麻君为述始末甚详,并持《古物记》《古物歌》《古物图说》出以见示,乃益叹麻君真能好古也!"

这位李兆麟知事接着进一步阐释了麻席珍之"真好古":"夫今之有好古癖者,我知之矣。或出资收买,浸假贩运京厂,浸假转售外洋,形同市侩,希图兼赢,此有所利而为之,不得谓好古;或选异搜奇,陈设几案,供赏玩快观瞻,为秘笈中物,不肯公诸同好,此有所私而为之,仍不得谓好古。若麻君之于古物,故毫无自私自利之见存也。其始归公保管,原为个人所无;其后在省出售,又为外人所有;古物存于不存,与麻君果有得失损益乎?无有也。乃麻君发思古之幽情,报传古之远意,作《记》,以纪其实;作《歌》,以悲其意;作《图说》,以考其真相;而且不惜资费,铸成铜版。北平匠艺,工巧绝伦,印片与原物丝毫不爽。觉古时姑洗之钟、乾德之镜、元武湖之铜斗、广平第之玉印,其辨别评识,均无此详确、无此宝贵也。因思古物为中邦国器所寄,并与历代文化有关,……幸有真能好古者,补其缺憾,期以久远。"

　　"幸有真能好古者",从李兆麟知事撰写的序言中,我们即使在今天透过朴素字笺,仍然可以真切感受到当时这位父母官对麻席珍的由衷敬重和高度评价。序言中麻席珍"不惜资费,铸成铜版。北平匠艺,工巧绝伦,印片与原物丝毫不爽"的内容,也让我们感受到了这位浑源儿女为让国宝重器流传后世的"真好古者"的执着情怀。

　　然而,这一切却极为来之不易。

　　从麻席珍履历来看,他先后有数次因主客观因素卸任回浑。一是民国三年(1914)3月,48岁的麻席珍从闻喜县知事卸任回籍,担任浑源中学校长,直至1918年7月充任山西政治实察所所员;二是民国九年(1920)4月,54岁的麻席珍从沁水县知事任上,因父亲去世回乡守孝;三是1925年5月4日59岁的麻席珍因亲老辞职交卸回籍。

　　可见,麻席珍虽有数次回籍,但机缘不巧,正好"错"开了李峪青铜器出土的1923年。麻席珍后来苦心搜求李峪青铜器资料,并完成系列著述,应该是在其1925年5月第三次归乡之后才开始的。可想而知,一位花甲老人(古人农历纪年、虚岁),在李峪青铜器出土的第三个年头,奔波在县城和李峪各处,乃至奔波省城、京城,苦苦求索出土青铜器数量和貌状,探寻有关细节和情形,并要完成著录记述,是多么不易。

　　经过历时近8载的辛苦追寻和潜心研究,年已66岁的麻席珍终于在民国二十一年(1932)撰成《古物歌》《古物记》《古物状况表》等有关文献。在此基础上,又于民国二十四年

（1935）完成了《浑源出土古物图说》，并加以刻印，其时，麻席珍已从花甲年龄到了古稀之年，他已为研究搜集李峪青铜器有关资料付出了11年的光阴。

麻席珍所撰《浑源出土古物图说》为第一部记录李峪青铜器的图文并茂读物，全书附古物图十八帧，解说文字记一千〇七十三言，收集记录的李峪器达三十五件，成为后世研究李峪青铜器的最珍贵原始资料。后来出版的商承祚先生《浑源彝器图》、日本梅原末治《欧米蒐储支那古铜精华》《战国式铜器的研究》、时伯齐先生《山西浑源出土古铜器图考》、容庚先生《商周彝器统考》等，均直接或间接引用了麻席珍的有关研究成果。这位麻席珍老先生，以一己之力，也与商承祚、梅原末治等国内外李峪青铜器研究大家们一起辉映史册，为华夏灿烂古文明流传后世作出了重要贡献。

（三）

李峪青铜器方面的研究整理成果是麻席珍最具代表性的成就，当然，麻席珍的成就远不止此。

麻席珍修纂的《麻氏族谱》有着重要价值。作为浑源麻氏十七世孙，麻席珍担任总修兼总核人，他卸任回乡后便着手重新修纂并于民国二十年(1931)付梓成书近十万字的《麻氏族谱》。这部族谱对家族记载自然详实，同时对其他有益社会，或对今人、后人有教益的人和事都属文以记，甚至包括了恒山诗文等内容。一定程度上,这部族谱似乎被麻席珍寄予了类地方志书的功能,补充了乱世地方志书未能修编纪事的缺憾。就此意义上,这部族谱一定意义上有金代浑源名贤刘祁《归潜志》的风范。

此外,麻席珍还潜心修纂了多部著述,如《四库全书总数(浑源会馆捐款志)》《读书心得秘诀》《星斗说》《鼠异》《地气改变》《沁水县赵寨村路政功德纪念碑序》《浑源县城纪略》《浑源山水人物纪略》等,晚年还著有《雪鸿录》等。这些著述,同样折射出一位有情怀、有担当的地方名贤为家乡、为社会作出的务实努力。

他任职浑源中学校长期间成绩突出。清光绪三十二年(1906),浑源中学堂成立,首任校长是清末举人郭金堂。民国元年(1912),浑源中学堂因"官府施行剪发,愚民暴动,将学堂焚毁,随即停办"。民国三年(1914)浑源中学堂修复后再度开办,这年三月恰好从闻喜县知事卸任回籍的麻席珍担任了浑源中学堂的第二任校长。其时百废俱兴,麻席珍为办好浑源中学堂,做了大量卓有成效的工作。曾任职天津医学院(现天津医科大学)和天津医学院第二附属医院的浑源城关人郭莲清老人(字桃溪),在《桃溪:我的母亲及其近代家族往事》一文中,回忆了其外祖父程绵于1916夏天受时任浑源中学校长麻席珍邀请,从当年新入学的第二班学生开始,担任武术课教师的经历。程绵后来在浑源中学堂担任了整整6年武术教师,月薪十块钱,这点薪水据回忆"不省着花,连吃饭都不够"。文中还回忆,那时的浑源中学,相当于现在的初中,实行的是四年学制。一学年只招一个班。几十个学生,都住校学习。头年(1915)招的是第一班,这一年招的是第二班。程绵就从这第二班教起,连续教到第四班。可见浑源中学堂虽于1914修复后再度开办,但当年并没有招生,主要应该是学校修复筹建的等工作,恢复招生的第一个班是从1915年开始的,也间接可知麻席珍这个校长当得并不易。但麻席珍办学成绩突出是毫无疑问的,他因此奉省长阎锡山奖给一等奖教育奖章。另据统计,至1937年抗战爆发前的23年间,共招收25个班级,毕业学生1200余名。

麻席珍任职各地政绩斐然,多次立功、受奖、晋级,曾获奉大总统令准给司法部二等金质奖章等奖励,还被奉总司令阎锡山令赠予"功在乡邦"匾额,并发印花等凭证以示标榜。

军机章京赵国良

侯　桢

　　民国时期的浑源县城，有一位清朝遗老在西关街开了一个博仁堂药铺坐堂行医，前来把脉抓药者络绎不绝，他就是人称"小军机"的书法名家赵国良。

　　军机处是清王朝中后期的中枢权力机关，是皇帝乾纲独断、君主集权达到顶峰的标志，雍正七年（1729）设立，宣统三年（1911）撤销。军机处设军机大臣和军机章京两种职位。军机大臣是皇帝选派的满汉亲信大臣，为皇帝作侍从秘书工作，完全秉承皇帝旨意办理军政事务，通称"大军机"。军机章京类似于军机大臣的秘书，协助军机大臣处理文书，对一般奏章票签处理意见，撰拟文稿，管理档案等等，俗称"小军机"。

　　光绪二十八年（1902）三月，入职军机处的山西浑源近代历史名人赵国良，在光绪、宣统年间长期担任军机章京，留下了一些故事。

134

仕宦岁月

赵国良(1870—1935),字元臣,又字潜安,号古愚,山西浑源州顾册村人,曾祖父赵承基,祖父赵恒,父赵廷选,世代务农为生。光绪二十三年(1897)丁酉拔贡,次年进京参加礼部朝考,得二等十四名,保和殿覆试得一等四名,著授七品小京官。

光绪二十四年(1898)进行戊戌变法,同时也是会试之年和拔贡朝考之年。春季,参加礼试的山西举子们与贡生们因为山西保矿运动走在一起,共商维护山西利权,山西举子为首者即浑源举人张官,山西拔贡为首者即浑源拔贡赵国良。1896年英国福公司为攫取巨额经济利益,与山西商务局签订开矿筑路合同,引发山西各界民众不满,掀起了始发阳泉、波及全国历时十年的保矿运动。在此期间,张官、赵国良等一百一十三名山西士子通过都察院上书朝廷,维护山西矿业权益,两人由此订交。谭嗣同等人七月入职军机处,戊戌六君子九月二十八日惨遭大辟,百日维新失败,光绪帝被慈禧太后囚于瀛台。

戊戌变法失败后,光绪帝被软禁于瀛台。一日走进内臣屋里,看到《纲鉴易知录》中汉献帝卷,阅几行,掷书几上,喟然长叹曰:"朕并不如汉献帝也。"后潸然泪下。此事多见于记述,但鲜为人知的是,这话是赵国良于宣统三年(1911)四月首先转述于同朝为官的恽毓鼎。恽为史官,字澄斋,为翰林院侍讲,是负责编修皇帝起居注的官员,将此事记入《澄斋日记》和《崇陵传信录》中,并记有"此二事皆枢郎赵国良敬述"。其时,慈禧太后与光绪帝均已去世二年多矣。

赵国良以拔贡之身参与山西保矿运动,及至他担任军机章机后,因为身份特殊,又多次参与于山西保矿运动。光绪三十二年(1906)十月,阳高籍留日学生李培仁愤志蹈海,以身殉矿,海内外群情激愤,同盟会著名领导人宋教仁为之感动、声援。光绪三十三年(1907)春,赵国良应山西绅商所请,呈请农工商部奏准立案,批准成立山西保晋矿务总公司,保矿运动最终得以胜利争回矿权。据农工商部参丞称:"本部接据山西京官军机处主事赵国良等呈称,晋省创设保晋矿务总公司,并公举二品衔分省尽先补用道渠本翘为总理,拟具章程若干条,呈请钧示……"又据《申报》特稿称:"山西矿产富甲全球,自经福公司交涉后,该省绅士争思挽回利权。前有赵国良主政,拟设保晋公司,参订章程,历时已久,近日特将章程禀奉农工商部批示云。"赵国良在山西保矿运动中作出的特殊贡献永载史册。

赵国良拔贡出仕后的履历,大致如下:光绪二十四年(1898),授七品小京官;光绪二十八年(1902),任军机章京;光绪二十九年(1903),丁忧归里;光绪三十二年(1906),先后任花翎四品衔军机章京兼任吏部额外主事、花翎四品衔军机章京兼任吏部候补主事;宣统元年(1909),花翎四品衔军机章京兼任吏部主事；宣统三年（1911），先后任花翎领班军机章京兼吏部员外郎、二品衔内阁金事。

民国元年，赵国良返回原籍，以教书授徒、书贴题碑、坐堂行医为生。

为父立碑

赵廷选，字子青，赵国良之父，果敢仗义，浑源永兴店货栈的店主，被誉为侍讲"一代侠商"，所经营的永兴店历经咸丰、光绪、宣统三朝，是规模仅次于永世店的浑源第二大贸易货店。

光绪二十八年（1902）一月，因"庚子之变"逃亡到西安的慈禧太后、光绪帝终于返回北京。经过两年动荡，军机处值班人员匮乏，急需补充新的人员，于是对京官进行了一次考选，以充任军机章京；赵国良因为七品小京官具备参考资格。赵廷选为了让儿子有个好的前程，携赵国良赴京参考。在三月的考试中共录取军机章京二十四人，赵国良榜上有名。赵廷选平素身体康健，谁料这次遭遇春寒，竟在北京急病卧床，待病体稍有起色，便匆匆离京返乡。回到浑源后，赵廷选不在意自己的病情，不料过年后病情加剧，最终于光绪二十九年（1903）农历二月初十去世。

按照清朝体例，赵国良因丁忧而回乡守制三年。为表孝贤之意，赵国良向朝廷为父亲申请了诰授中宪晋赠通议大夫的官衔,并建立一座德泽碑,以记其事;此碑于光绪三十一年(1905)春营建完成。赵廷选德泽碑俗称"大碑楼",位于浑源城南小唐庄路西。碑身为青石质,正四边方柱体,高155厘米,宽60厘米,正面朝东,书"诰授中宪晋赠通议大夫子青赵老先生德泽碑"十九个楷书大字;北、南面为碑文;西面为亲友名讳。碑文由钦加内阁中书衔屯留县教谕田应璜撰,由钦加内阁中书衔拣选知县张官书。二品大员、绥远将军贻毂篆额。碑额正四方体,高65厘米,宽67厘米,蟠龙图案,东面篆书"皇清",北面"鸿恩三锡",南面"世受皇恩",西面"龙章宠锡",均为楷书。碑下为断颈的白石赑屃。

碑身之外是轿式碑亭,由高190厘米的四根石柱支撑,石柱朝外的面均镌刻楹联。东面篆书,年久风化不易辨认,上联"顿失老成人……故乡一绝",下联"……当代千秋",署名"世愚侄张官敬书";北面隶书,"好义急公誉合乡党,尊贤乐善庆流子孙","门下晚学生李景泉拜书";南面楷书,"东国人伦真不朽,北方学者莫式先",未署名;西面行书,"是何旷世逸才,只今大茂风云,犹余奇气;我亦北方侠者,此后平原肝胆,更向谁人""世愚侄田应璜拜题"。

碑西镌刻为参加祭祀的亲友名讳,共计十一排名字,一百三十三人(含僧道匠人六位,另有五家工商字号),有功名者一百一十人。左下角为男:赵国良、赵国钧、赵国安、赵国英,孙男:席珍,同立石。因年久风化和人为破坏,部分字迹不清,左上角被砸缺失三人名字,传主出生年月也缺失了。

诰授中宪晋赠通议大夫子青赵老先生德泽碑

第一排第一名,花翎四品吏部主政李廷飏。碑文书丹者张官系光绪戊子科举人,后来资助赵国良开办"博仁堂"药店,赵国良得以坐堂行医而度世。张官在民国二十二年(1933)去世时,赵国良为其墓志铭书丹,延续了两人一世情谊。张官及其儿子张甲勋,侄子张甲箴、张甲铭,都参与了赵廷选祭祀活动,碑上留名。碑文撰写者田应璜系甲午科举人,他与其弟田应昌碑上留名。此外,碑上其他留名者也大都是浑源州知名家族。比如:宁武营都司郭从彪,武官,后边见武举郭从虎、郭从龙、武生郭从圣,应是其弟兄辈;游击衔崔凤仪,浑源举人,富商;永和县教谕、乙亥举人温国珍;候选教谕、乙酉举人王暨和;丁酉举人葛斐然;壬寅举人张凤鸣等。第二排第一名为三品封职薛贵,浑源薛家府主人,其次子薛国义亦在列,另有薛国珍、薛国政当是薛贵侄辈;候补典史董成章,董庆南第三子,赵国良拔贡同年董梁章之弟;杨巨观,民国十三年(1924)任浑源教育会会长;附贡栗国信、栗恩育,是栗毓美家族代表;廪生常颖章是常山凤家族代表;廪生张子和为郝家寨著名老中医;庠生穆郁是贡生穆维岐之子,民国国会议员;贡生刘嗣秀是赵国良岳父;庠生刘学圣,为新学进士,浑中校长;廪生程斗南是秀才出身,赵国良义兄;庠生耿臻荣是留日学生,曾任浑源县公款局局长;庠生李景泉为北面石柱隶书对联书写者。

联想到光绪十六年(1890)重修三清殿时,赵子青捐款三千文,名下的永兴店捐款四千文。时隔十五年,当年捐款的五家字号有四家在列;不少人的名字又出现在碑里,如薄兴业、段廷柱、陈轼、常颖章等。留名者名门大族较多,涵盖了当时浑源大部分士绅名流,田应璜家族、常山凤家族、张官家族、张清元家族、李廷诰家族、栗毓美家族、薛贵家族、穆郇家族等都参与了进来。二十年后,民国十三年浑源李峪彝器风波中,签署合约文书的浑源地方显要二十三位,其中十多位在此碑上留名。将这些名单结合起来看,可间接考量当时浑源士族传承、文化动态及工商状况,对了解、研究清朝末年、民国初年的浑源社会状况起到参考作用。

据老辈人讲,赵子青墓地向南排开有六座碑亭,最南一座为轿顶状。"文革"破"四旧",其余五座均被拆毁,轿式碑亭都是石料,极坚固,但也被砸掉了轿顶和部分碑体以及驮碑石赑屃头部。作为硕果仅存者,碑亭风化严重,南、北面石横梁斜着脱出榫卯,上面起固定作用的铁条板裸露在外,感觉摇摇欲坠,让人触目惊心。

书法称雄

民国后,赵国良回籍,正当"人品端方,年力富强,字画端楷"的盛年。但是,秉持"忠臣不事二主"的节操,坚拒阎锡山政府民政厅长之职,开办私塾,以养家糊口。

赵先生的书法、医学、周易号称"三绝",在浑源有口皆碑,"赵国良写大字,圪溜把弯有劲气"是流传浑源民间耳熟能详的俗语。保存在恒山会仙府的《北岳全图》(1932)碑文书法,是其代表作,被视为恒山的镇山之宝。保存于恒山崇灵门东的《万古流芳》(1933)恒山显灵碑文为赵国良所撰。《清奉政大夫张老先生德行碑铭并序》(1933),是赵国良为张官书写的墓志铭,署名"清二品衔内阁金事军机章京赵国良书丹",拓片传世。穆郇母亲田太夫人墓志铭(1935),赵国良撰文并书丹,拓片传世。有人认为,在浑源县遗留的书法碑刻中,他的柳体字功底仅弱于道光年间为栗毓美墓前神道碑书丹的户部尚书祁寯藻,可见时人对赵国良书法的认可和推崇。

赵国良真迹

赵国良留在世上的墨宝不少,比如城内铺面的匾额。解放后随着市政建设及政治运动,大多散失殆尽。人们留存的学生仿引,岁月流逝中也难以觅寻。

笔者曾祖父侯夺魁与赵廷选素有交往,现存三清殿光绪十六年(1890)的重修三清殿碑文记载,两人同时同地捐赠款物。父亲侯世泰于浑源中学毕业后在赵国良门下学习书法,赵国良于民国十七年(1928)春临写柳公权"玄秘塔"碑文赠与我父亲。这件作品,就我所知,可能是目前赵国良唯一传承有序的作品。1986年,父亲将此作转赠学生王鹏程,其复印件作为馈赠台胞左树荣的礼品,在台湾广为传播,对介绍家乡文化、促进两岸文化交流起到良好作用。

赵国良所临"玄秘塔","柳味"凝重,笔画瘦硬锋利,贯穿到每一笔,每一细节,神清气满,酣畅淋漓,无一败笔。短横粗壮有力,长横瘦长清秀,方笔圆笔并举,方起圆收;竖画挺劲刚健,结实凝练,垂针悬露,各显其势;竖钩带托,重顿之后蓄力踢钩而出,刚劲丰满的弯钩、戈钩,变化多姿的点;尤其撇画,长撇柔曲,短撇挺直,弯头撇、回锋撇、兰叶撇各尽其妙。捺画粗壮有力,撇捺相交时,撇低捺高,撇轻捺重。如"大丈夫",撇的特点尤为明显,长撇修长飘逸,往往顶格或出格,捺干净利落,锋利如刀;"篆、家、赐"等三撇连珠,错落有致,但是整体又是那么协调和谐,深深感到有些是只可意会不可言传的。字字珠玑可能有些夸张,笔笔精到应该是恰如其分的。有些笔画,看上去与"玄秘塔"略有不同:1.竖画起笔,大多是藏锋,显得圆润,父亲写仿引时和我们说起并示范过,而"玄秘塔"竖画、长撇有部分起笔弯头较为明显。2."木"旁写法,柳贴很少带钩,或是小钩,赵先生木必带钩,竖钩带托,偏旁亦是。3.撇画变化较多,长撇悠长舒展,干净利落,兰叶撇不明显,如度、序等等。

总之,感觉赵国良所留的这件作品,是深得柳体精髓的精品力作。作为晚辈末学、书法门外汉,贡献一点皮毛浅见,有待于行家里手考证研究。

清廷遗老

民国初年,浑源大地上活跃着不少前清时有功名的人物,这是改朝换代、革故鼎新的历史现象。当然会有像赵国良这样的人物,因为受过清室的器重,言行举止和穿着打扮都深深地打着清朝的烙印。

民国时期的赵国良,像国学大师王国维一样蓄发留辫,教书育人;他所临的《玄秘塔碑》贴,里面的四个"玄"字均以"元"字代替,以避康熙的名字"玄烨"之讳。老秀才程斗南是他的义兄,赵国良书了"自知性僻难偕俗,且喜身闲不属人"的联送给他,一是留作纪念,一为自明心迹,表示自己特行独立、不愿意向世俗低头的耿介风骨。

赵国良精于岐黄、周易之术。1931年,他得到张官的资助,在县城西关街开设"博仁堂",坐堂行医,治病救人。他医术精湛,名望又高,自然顾客盈门,生意兴隆。顾册村有个盲人小孩,姓高行二,有缘成为赵国良亲近之人,是赵国良口传心授《周易》的徒弟。赵国良去世后,这个孩子的经验也日臻成熟,成为民间占卜灵验的"高二先生",得以自食其力,成家立业。

民国二十四年(1935)春,赵国良在西关博仁堂溘然长逝,享年六十五岁。家人遵照遗嘱,为其头戴红缨,脚穿朝靴,身着朝服入殓,以示生死都尽忠于大清王朝。

赵国良原配裴氏、继配李氏等三房,嗣子一,名继威,女二。长女昭容,又名淑贞,书法功底深厚,常代父亲为学生书写仿引,活了八十多岁,晚年居于大同市新华街。赵国良兄弟六人,他居长,弟依次为国玺、国宝、国钧、国安、国英,四弟国钧长子继威(1919—1976)过继承后。赵继威早年在浑源生活,二十世纪四十年代在天津铁路局上班,平津战役后在北京油脂公司当会计,后到煤建公司当调配员,于1976年去世。赵继威育有五子一女,长子伯阳、次子宣、三子宁馨、四子和平、五子小健,女晓蕾。三子赵宁馨生于1950年,1968年9月从北京到内蒙古呼市北郊插队,1971年乌达煤矿上班,1978年调大同矿务局地质处,1993年调回北京宣武师范,现已退休。

2021年,笔者经同学姚凤玲帮助,联系到赵国良嗣孙赵宁馨,了解到赵国良后代的上述情况。

参议院副议长田应璜

韩 众 城

民国初期,山西省一直流传有这样一个说法,那就是"五台的阎,浑源的田"。"五台的阎",说的自然是统治了山西省长达三十八年的"土皇帝"阎锡山(籍贯是山西五台县),"浑源的田",说的则是民国时期著名政治活动家田应璜(籍贯是山西浑源县)。

初入仕途

田应璜出生于世代书香之家,曾祖田望云是清朝例贡,祖父田九畴是道光壬辰科(1832)举人、沁县教谕,父亲田延年是同治壬戌科(1862)举人、长子县教谕,田应璜是光绪甲午科(1894)举人。其母程太夫人在浑源民间备受尊礼,有"头顶举人,怀抱举人,膝下举人"之夸传。

曾祖田望云在道光年间是邑中富户,曾因赈灾济民而

"全活甚众"，被《浑源州续志》记载永存，享寿七十二岁卒。父亲田延年，字友羲，官至山西长子县训导、教谕，中年始刻意为诗，以一本《希达斋存稿》名传后世。民国十三年（1924），田应璜将父亲的诗集《希达斋存稿》上、下两卷印行，书名由篆刻名家、光绪壬寅科举人常赞春题写，光绪甲辰科进士王揖唐（后为大汉奸）在《今传是楼诗话》中评析田延年的诗："皆能戛戛独造，不落恒蹊，且为一时传诵之作。集中长篇甚多，表彰遗佚，胥关风化，不及备录。"

田应璜（1865—1927），字子琼，号我斋主人，浑源海村人。自幼秉承家训，为州学廪生，习诗作文均有义法，屡拔前茅，受大同知府陈启泰赏识，声名鹊起，得"云中白鹤"之美誉，继入太原令德堂学习。光绪二十年（1894），乡试中式第四十五名，成为甲午科举人。

光绪二十一年（1895）是会试之年，田应璜与张官、王暨和、柴淇、孙秉衡、栗国聘、傅倬等浑源州举人一起赴京应试。会试结束后，各省举子在京城等待发榜之时，中日《马关条约》内割让台湾和辽东半岛并赔款白银二亿两的消息突然传至，举国哗然，有正义感的京官群情激愤，纷纷组织赴京的本省举子联名上书。四月八日，户部主事谷如墉等山西籍京官在山西会馆组织本省举子的上书活动。经商议，此次上书推谷如墉代为起草，由崞县举人常曜宇发起，奏折名为《常曜宇等山西举人条陈》，联署的举子多达六十一人，其中就有田应璜、张官等浑源籍举人。数年后，田应璜获授内阁中书衔、屯

147

留县教谕,赴山西屯留县就任。

光绪二十八年(1902),清政府施行新政,山西巡抚岑春煊在太原创办山西大学堂,田应璜被聘为山西大学堂中斋的历史教习。当时大学堂没有统一的课本,教习全凭自己的学识编写讲义,光绪三十年(1904),田应璜将两年来的讲义编成《山西大学堂史学课程》教材印发,以方便教学。《山西大学堂史学课程》系石印本,目录有总论、太古史、上古史(截至春秋之世)。在总论中分别论述了释义、地理、种族和时代。在"时代"论述中,田应璜将历史分为"大时代"与"小时代"两说。田应璜认为:"一姓之兴衰,一朝之理乱,时代之小者也。政体之纯驳,种族之进退,时代之大者也。"用这种观点来衡量,田应璜认为唐虞能使人民由草昧而文明、由朴拙而智巧,是为历史上的大时代。而秦始皇"能吞二周灭六国,能罢侯置郡守,鞭笞天下,南破百粤,北筑长城,世异变,成功大,后世莫之能先,亦诚为大时代也"。

在此时期,清政府"亟思破格求才,以资治理",下诏创设"经济特科"①取士,命三品以上京官或各省督抚、学政举荐"志虑忠纯、规模闳远、学问淹通、洞达中外时务者",悉心延揽。光绪二十九年(1903),政务处议定考试之制,如廷试例,于保和殿天子亲策之。田应璜被本省举荐参加"经济特科"殿试。闰五月,田应璜在正场考试录取为二等第二十二名,

---

①经济特科,是清末新政特设的科举制科,为选拔"洞达中外时务人员"的科目,正是张之洞所主张的政治举措。

复试被淘汰。田应璜参加过"经济特科"的殿试，被视为有志于"新学"的官员。

光绪三十年（1904），田应璜因在山西大学堂教学"数年多所成就"，被任命为河东师范学堂监督。河东位于现在的运城、临汾一带，田应璜在任内，将解梁书院变更为解梁中学堂。河东地区得河东师范学堂、解梁中学堂两所新式学堂，人才茂起，名流硕彦，无不受其培植。

扶摇直上

光绪三十二年（1906）四月十七日，田应璜因政绩出色得山西学政宝熙的奏保，被送部引见，"著以知县在任候选"。六月，吏部签掣湖北施南府来凤县知县，行文调取在案，由山西巡抚恩寿给咨到部。田应璜进京到吏部敬缮履历，并向皇帝、皇太后谢恩。

在京公事处理完毕，田应璜踏上了赴湖北的旅途，赴施南府来凤县就任。其时，洋务派重臣张之洞任湖广总督，张之洞曾任山西巡抚，任内创办了令德堂书院，田应璜少年时曾在令德堂就学，有了这层关系，张之洞对田应璜自然另眼相看。

田应璜到了湖北后，照例应先到武昌上谒制府（总督），聆听垂示。在督署衙门，张之洞手捧着田应璜的履历，看到上面写着"举人出身，曾举'特科'"的字样，不由心念一动。

于是，就"高粱是何谷"等问题向田应璜接连发问，考察其所学所辩，田应璜倔强善辩，竟至张之洞默然良久。次日，省城日报登载了《制府与田大令问答语》，以为笑谈。不过，张之洞毕竟是位胸怀万象之人杰，他对田应璜非但没有成见，反而发现其是一个自有主张、不轻易改变想法的官员，遂多有栽培之举。

光绪三十三年（1907），张之洞擢升体仁阁大学士兼军机大臣，并奉旨管理学部事务。他认为：学习西学，造就人才，留在国内培养不如送往国外造就，"出洋一年，胜于读西书五年"，于是，陆续派遣湖北学生赴海外留学，并派官员出国考察。翌年，学部欲派一批官员赴日本考察教育，张之洞马上就想到了田应璜，列入名单之中。

光绪三十四年（1908）三月，田应璜以湖北省游历员的身份被清廷学部派往日本，考察日本士官学校和中央幼年学校，以了解日本的教育体制和现状，为清廷学部的变革作有益借鉴和参考。对于在日考察的见闻，田应璜回国写了《东瀛行记》上呈于学部，以作汇报。

光绪三十四年（1908）秋，回国后的田应璜先后任恩施县知县、候补直隶州知州等职，数次获清廷谕旨嘉奖。其时，曾国藩曾孙任职施南道尹，公民军因事起而相难，幸亏田应璜运筹设谋，使曾道尹得以脱险免难。

宣统元年（1909）十月，田应璜因在任内暗地支持共和政体，被视为"异政"，调任荆宜施鹤（荆州、宜昌、恩施、鹤峰）司令部担任参谋长。宣统三年(1911)武昌起义爆发,湖北成为众所瞩目之地,庶几南北议和,一场大战顿时消弥于无形。

民国元年(1912),中华民国成立,各个省份同时进行了一次政权大换血。混乱的时局让人眼花缭乱,各种势力倾轧其间,阎锡山运用各种纵横捭阖的手段,逐步控制了山西的局势,就任了山西省大都督,电邀田应璜回晋襄助政务,以民政厅长虚席而待。田应璜来到太原后,阎锡山与之密商,觉得绥远一带地理位置非常重要,当务之急是把绥远的统治权拿到手里,于是决定委任田应璜出任归绥观察使。谁料事情却生波澜,绥远将军张绍曾极力阻挠田应璜的到任,大总统袁世凯为了限制阎锡山的权势,接受张绍曾提出的方案,将归绥道从山西省分割出去,与乌兰察布盟、伊克昭盟、土默特旗联合组成绥远特别区,实行了晋绥分治。如此一来,田应璜的归绥任命就成为一张废纸。经此一事,田应璜之韬略深为阎锡山所钦,出任山西都督府高等顾问兼民政事务处协理,山西所有"军府大政,必谘而后行"。

动荡年代,时局不靖,山西各地事变此起彼伏,田应璜帮助阎锡山处理了许多棘手问题。同盟会员续桐溪于辛亥革命时在忻州、代县、宁武一带组织起数千人的武装力量,势力颇大,号称"忻代宁公团"。续桐溪率公团开赴大同进入城内,与围攻的清军对峙四十多天,直至南北议和,攻守双方议定罢战,续桐溪率公团退返防忻代一线。阎锡山为了统一事权,决定将忻代宁公团整编,他知道续桐溪早年在山西大学堂曾是田应璜的学生,遂派田应璜、梁上栋到崞县,向续陈说利害关系,劝其解散公团,并将公团的领导成员另外委以职务。经田应璜一番斡旋,忻代宁公团团长续桐溪被阎锡山任命为山西巡警道,其他领导人员分任各职,这支规模颇大的地方武装部队就这样被兵不血刃地解散了。

民国元年六月,浑源县菜农组织的铁锹会因抵触官绅强行剪辫,发动暴动,火烧东关书院,并打死巡警2人。田应璜建议阎锡山只惩办暴动首恶,赦免数千名协从菜民。阎锡山言听计从,授命大同官兵镇压,大同镇守使孔赓派了一个骑兵营包围浑源城,杀掉为首者张文、石大仁二人,铁锹会风波随即平息。

民国二年(1913),田应璜被推举为山西代表,准备赴北京商讨国家大事。四月,田应璜来到北京,和各省的代表共聚一堂。在成立的第一届国会第一期常会(1913年4月至1914年1月)中,田应璜等十名山西代表被推举为参议院参议员,从此开始了参与国家大政的人生道路。

国会沉浮

民国三年(1914)春,袁世凯为了包揽国政、控制政府,下令解散国会,以约法会议(1914年1月至1916年6月)代之。3月,在召开的约法会议中,田应璜、贾耕等二名山西代表被推举为约法会议议员,这也是田应璜第二次担任国会议员。

同期,国务院呈请设立"清史馆",纂修清史,田应璜被清史馆馆长赵尔巽聘任为校勘兼协修,故负责撰修《地理志·山西》卷,为《清史稿》的成稿和山西史志的校勘和存续做出了重要贡献。

民国四年(1915),田应璜和刘懋赏、胡瑞林商议,决定创立应县广济水利股份有限公司,以利用浑河水在应县城东南马庄附近小山口拦河筑坝(镇子梁水库前身),开凿渠道,灌溉应县、怀仁两县五十六个村庄的土地,以造福于民。田应璜利用自己的政治地位和社会关系,将黎元洪、阎锡山、汤化龙等政界大佬都邀请为股东,共筹得大洋十二万元,正式成立公司。公司由刘懋赏担任总理,田应璜之子田汝弼担任协理,这个公司日后成为由田汝弼把持的田应璜家族最大产业。

民国五年(1916)初,袁世凯"称帝"引发了一场强烈的政治地震,南方各省纷纷通电独立并发动护国战争,由于反对浪潮太大,袁世凯迫不得已取消了帝制。在这种情况下,那些国会议员纷纷另求出路,寻找安身立命之所;回到太原的田应璜应阎锡山之邀,出任山西大学校长之职(5月至8月)。

6月,袁世凯去世,黎元洪继任大总统,随即下令恢复《中华民国临时约法》和第一届国会。田应璜审时度势,辞掉山大校长,前往北京参加第一届国会第二期常会(1916年8月至1917年6月),这是田应璜第三次担任国会议员。当年出版的《民国之精华》,所载田应璜的简历为:"田应璜,字子琼,岁五十二,选举地山西省,籍贯山西省浑源县,住址北京兵部洼二十。君气度从容,性情和缓。与人交,温良恭谦,不为意气之争。虽有所忿恨,亦未尝以疾色遽色加人。然意志极强,富于独立之性,且喜闻忠告之言,勇于改过。人告以过,虽所言失实,绝不与办。常语人曰:'闻过而改,既得无过之实,又居从喜如流之名,利孰大焉。'年少读书,即以远大自期,稍长,愈益从事于学养,故夫资虽非绝高,而明察事情,洞悉真理。初入仕途,即老成练达,措置行动辄得宜。曾以前清举人,历充湖北来凤县知县,调署恩施县知县。民国元年,充施鹤司令部参谋长,山西都督府高等顾问,署归绥观察使。二年,被选为参议院议员,现充参议院议员。"

民国六年(1917)8月,以段祺瑞为首的皖系势力控制了京津地区,解散第一届国会第二期常会,并于11月组织"临时参议院会议"(1917年11月10日至1918年8月12日)。王揖唐担任参议院议长,田应璜等五名山西代表当选为临时参议院参议员,这是田应璜第四次担任国会议员。

民国七年(1918)初,倾向皖系的王揖唐、曾毓隽、田应璜、康甲丞等人经常到北京宣武门内安福胡同梁建章的住宅聚会,逐渐形成一个相对固定的团体,故于3月8日正式取名为"安福俱乐部"。安福俱乐部下设有干事部、评议会、政务研究会等机构,王揖唐任干事部主任,田应璜任评议会会长,李盛铎任政务研究会会长。8月,在皖系主导下,民国第二届国会(1918年8月12日至1920年8月)在北京召开,新国会共选出的四百余名议员,出自安福俱乐部的议员占了三百多人,推举王揖唐为众议院议长、李盛铎为参议院议长、田应璜为参议院副议长。这是田应璜第五次担任国会议员,被京、津、汉等地的议员代表们奉为首领,其个人影响力达到巅峰。

民国六年(1917)10月,阎锡山决心好好治理山西,专事保境安民,休养生息,自我发展,以图强大。于是发表"六政宣言",合称"六政三事",即推行"水利、蚕桑、植树、种棉、造林、畜牧与禁烟、天足、剪发"以开启民智,遏制权贵,放政于民。孰料这一系列雷厉风行的政策触及了山西权贵阶层的利益,安福国会选出新任大总统徐世昌后,这些山西权贵们纷纷赴京去告状。为了安抚这些关系盘根错节的山西权贵阶层,徐世昌委派田应璜为总统特使持专函赴太原,来解决此事。田应璜来到太原后,先将徐世昌的专函递给阎锡山,然后传达徐世昌的口谕:"……举办各种兴利除弊的事,利难见而害易生。"因此,田应璜强调:"勿多事,为'为政之常道'。"阎锡山政令既行,自不甘轻易罢手,他向田应璜抗辩道:"总统长久从政之经验指示后辈,自应加以审慎。但我国自与世界交通以来,民智、民力、国家、财用相形见绌,每战必败,割地赔款,几无存在之余地……总统所言,如同服工者器不利,利器可耳,不能因器而废工。且施政应适合人民之要求,舆论之希责,国识之指导,立国之需要,请令山西试试看,我当谨防流弊,健全吏役,谨慎为之。"阎锡山果然有远见卓识,正因为他的坚持,山西能够排除干扰,一心一意致力于发展经济,成为雄踞北方的强省。后来北洋政府将山西省誉为

"模范省"，并因之为阎锡山授勋表彰，这已是后话了。

合纵连横

民国八年（1919）5月4日，"五四运动"爆发，北京三千多名学生冲破军警阻挠，在天安门前举行集会和游行示威，并痛打驻日公使章宗祥，火烧赵家楼，举国震惊。迫于各种压力，北大校长蔡元培、教育总长傅增湘相继辞职，舆论大哗。

大总统徐世昌为了应对失控的混乱局势，以教育次长袁希涛暂行代理部务，然后再积极物色教育总长的新人选，经过再三权衡，属意由田应璜新任教育总长。田应璜本人原本并未打算搅这趟浑水，提名让他担任教育总长全是安福系议员们和徐世昌的意思。因此初不肯就，最后考虑到大总统徐世昌、国务总理钱能训和安福会同仁的意见，也就半推半就，认可了国务院对他出任教育总长的提名。谁知消息传出后，引起北京教育界的强烈不满，他们认为安福系插手教育，必将带来灾难性后果，决定采取措施反对任命田应璜。田应璜格于情势，身不由己卷入其中，随后国务院迫于各种压力撤回议会对他的同意案后，他也能以平常心待之。

民国九年（1920），陕、豫、冀、鲁、晋五省发生罕见旱灾，其中山西省有六十四个县受灾，数百万人背井离乡，逃荒逃难，朝野震惊。田应璜受北洋政府委派，回到山西办理赈务，在新成立的山西全省赈务处担任会办，从国家财政和社会积极募集赈灾善款,"筹划精详,全活无算",造福于乡梓。

民国十一年(1922)11月26日,田应璜以赈济山西旱灾为宗旨,与贾耕、梁善济等七人在北京发起成立山西筹赈会,12月24日批准备案。该会采用董事制,董事长田应璜,副董事长温寿泉、刘文炳,会员共二百二十余人,会址设在北京宣武门外骡马市大街的三晋会馆内,是民国时期创办的第一个全国性民间赈灾机构,具有里程碑式的意义。

民国十一年(1922)"第一次直奉战争"爆发,奉系败退出山海关,直系控制了京、津地区。在直系操纵下,第一届国会复会并于10月正式开会,这在历史上称之为"第一届国会第三期常会"(1922年10月至1924年11月),田应璜等十名山西代表当选为参议院参议员,这也是田应璜第六次当选为国会议员。

民国十二年(1923)4月,直系首领吴佩孚在洛阳召开军事会议并大办其五十大寿,各省军政要员前往贺寿的有七百多人,阎锡山派田应璜为私人代表前往。田应璜参加完洛阳的军事会议,又马不停蹄地赶回北京,参加了国会选举大总统的会议。10月,国会选举直系首领曹锟为新一届民国大总统,因曹锟派人用金钱买通议员们投票,成了历史上臭名昭著的"贿选"总统。

这个时期的田应璜非常忙碌,他作为联络直奉两系的阎锡山私人代表,跋山涉水、四处奔波,为晋系疏通关系、纵合勾连、积攒人脉起到重要作用,展示了一名成熟政治活动家的能力和智慧。

内务总长

民国十三年（1924），第二次直奉战争爆发。直系统帅吴佩孚亲率各路人马出兵山海关，与奉军厮杀得天昏地暗，让他没想到的是，隶属于直系军队的冯玉祥部悄悄撤离战场，回师北京，抄了直系的老巢，直系前线军队随即大溃。这些关系已经够让人眼花缭乱了，但是，这些翻云覆雨、反复无常的军阀们中间，也有老谋深算的阎锡山的身影。阎锡山处在直系、奉系、冯玉祥方之间，采取的是与奉系、冯方联合倒曹、吴的策略，晋方负责出兵石家庄阻挡其他直系军队北上援助，而为阎锡山在北京实施策略者便是田应璜。

现实就是这么残酷，与田应璜暗通款曲的冯玉祥部发动了"北京政变"，将军队番号改为"国民军"，囚禁了总统曹锟，将清逊帝溥仪赶出了故宫。冯玉祥部和奉系军阀张作霖共同控制了北京政权。随后，他们请皖系首脑段祺瑞再次出山，担任临时执政，代行大总统职务。11月，根据司法总长章士钊的提议，段祺瑞当局以搜检前总统曹锟贿选证据为名，派人搜检贿选议员们的私人住宅，田应璜为了掩人耳目，像其他贿选议员们一样纷纷离京躲避。12月，第一届国会议会宣告正式取消。

民国十四年（1925年）4月，段祺瑞成立临时参政院替代已被取消的国会。田应璜出人意料地没有被选为山西方面的临时参政员,取而代之的是温寿泉。这固然和田应璜是贿选总统的议员有关,也和田应璜与阎锡山的共同密谋后,对外故意作出的姿态有关。

田应璜浸淫宦海多年,他深知北京政府的权力实际上是掌握在奉系张作霖和"国民军"冯玉祥手里,但冯玉祥的势力远远不及奉系,没有军事实力做靠山的段祺瑞政府只是一个空架子,难有什么作为。田应璜和奉系的关系非常密切,因此对未列席于临时参政院并不以为意,坦然视之,他有更重要的事情要做。

直系吴佩孚控制北洋政府时,阎锡山表面与吴打得火热,暗地里处处提防。现在奉系和冯玉祥控制了北洋政府,冯方的势力急速膨胀,阎锡山侦知冯有染指山西的意图,坐卧不安,便让田应璜设法与武汉的吴佩孚修好,以共同对付冯玉祥。田应璜的办法是将梁航标派到武汉,作为阎锡山的私人代表游说吴佩孚反冯,梁航标便动身前往汉口去了吴佩孚身边,为以后说服吴佩孚出兵反冯立下了大功。

田应璜一面协助阎锡山联合各派系在军事上对付冯玉祥,一面密切关注着北京的政局。果然,不久后冯玉祥和段祺瑞因利益矛盾激化,冯玉祥密令部下捕杀了段祺瑞的第一心腹重臣徐树铮,段祺瑞闻讯后悲痛大哭,段祺瑞政府遂一蹶不振。此后,段祺瑞又勉强维持了三个月,于民国十五年(1926)4月,被迫辞职,通电下野,避居天津。段祺瑞离职后,先是外交总长胡惟德代理国务总理一个月,后由颜惠庆组阁,因奉系军阀张作霖忙于应对"倒冯"战争,无暇顾及和支持北京政局,竟然出现没有阁员入阁的窘境。

田应璜在北京政坛的关系盘根错节,人脉很广。代国务总理颜惠庆深知田应璜和各系实力派关系很深,有意延揽其出任内务总长一职。经过几番斡旋,田应璜被说动,他于6月22日署理(代理)内务总长,以帮助收拾残局。可是7月6日,田应璜就匆匆请辞。这是因为正值奉、直、晋三方发动了联合"倒冯(玉祥)"的战争,田应璜作为奉、晋之间联络人非常忙碌,分身无术,再者颜惠庆内阁确实也难有作为。因此,田应璜只当了短短十四天的署理内务总长(其前任为郑谦,继任为张国淦)。

民国十五年(1926),奉军主力和"国民军"主力都盘踞在京津一带,剑拔弩张,虎视眈眈,一场大战迫在眉睫。在阎锡山的心里,他最怕的是别人染指山西地盘,经过再三权衡之下,遂决定了"联奉反冯"的策略。4月,冯玉祥在奉系逼迫下出洋下野,其统领的"国民军"在奉系、直系的双重压力下,兵分数路,撤出北京,准备向西开进。在此紧要关头,田应璜积极向阎锡山建议晋军以"保境安民"为要旨,应持防御态度,切不可轻易冒进而致开衅成战。阎锡山面对日益吃紧的形势,决定了以攻为守的作战部署,与奉系、直系形成战略配合。在奉、直、晋三方联军的进攻下,至8月底,"国民军"除溃败和投降的军队外,全部退守于内蒙古包头一带。这一年的晋北遭受大旱,雁北各县既受旱灾,又遭兵燹,真是民不聊生。田应璜便倡议设立"救济会",又请省政府筹流通券,许多贫民因得到实惠而活命。

那个时期,以蒋中正为首的南方"国民革命军",在广州发动了"北伐战争",目标就是北洋军阀各派系,如潮的攻势使直系军队接连受到重挫。冯玉祥在苏联得到消息,马上从新疆转道回国,在绥远召集旧部,改部队番号为"国民革命军",自任"国民联军总司令"。10月,冯玉祥在绥远五原县宣布誓师,与蒋中正的"国民革命军"遥相呼应,声望一时大振。

冯玉祥的东山再起,让一直关注时局的奉系张作霖和晋系阎锡山大为惊诧。奉、晋各自派出代表袁金铠、田应璜密切接触,以协同立场,共同应对新情况。

奉晋使节

民国十五年(1926)10月,在太原的田应璜接到奉系代表袁金铠的电报,以期共同遏制冯玉祥部的卷土重来。

作为地方实力派的阎锡山,现在面临一个重要的抉择。一派是蒋中正、李宗仁等组成的北伐军,冯玉祥加盟;一派是张作霖、吴佩孚等组成的北洋军阀联盟。应该和南方的北伐军以及冯玉祥联盟,对付奉、直各派系呢?还是依旧联合奉、直各派系对抗北伐军队呢?晋系成为南北方争相拉拢的对象,所处态度更显得举足轻重。

好在局势初显端倪，一切尚可从长计议。于是阎锡山依旧决定先修好各方，看看情况，再做决定。有鉴于此，阎锡山一面派田应璜再赴北京与奉系接洽，表示联盟之意；一面另派他人去武汉与蒋系联系，以示修好。田应璜到北京后，马上会晤好友袁金铠，告诉晋方对奉方决无异念，想法也决无变动，请奉方放心从事。

袁金铠得此表示后，即于30日发电文报告在奉天（今沈阳）的奉军主帅张作霖："奉天张上将军钧鉴：垦密。到京晤田子琮，据云晋事无变动。详情另函禀。袁金凯。卅印。自东单观音寺草厂念五号发。十月"31日，袁金凯再发张作霖一电，详述与田应璜会见的种种："大帅钧鉴：日昨到京即访田子琮，询以晋省情形，宣布我帅极力辅助，毫无所利之真意。据田君言：'晋人实有两派，其阎督政见，与眼光稍远者，均愿与奉合作到底，以消灭赤化（指与苏联有联系的冯玉祥）为惟一宗旨。冯玉祥之到包头极意宣传拉拢旧部，惟石友三仍然反复表示从冯，其他旧部皆对冯表示拒绝。以现在情形推测，晋省力量足以了之，如须奉省帮忙，亦必明言。'子琮并向铠为极沈痛之表示：'请奉晋合作，则榘可担负联络之责任，决不置身局外。万一将来如有意想不到之变化，则渠必先时声明，脱离关系，必不稍涉含混，致亏人格。'此田君至诚无欺之语，可以矢诸天日者也。田君临入京时已向阎督左右，如赵次陇辈切实嘱托，一切情形随时见告。盖子琮之意亦惕惕然，恐有万一之变化也。此后晋省如何动作，子琮必以告铠,即当有闻即禀,决不稍误事机也。专肃 敬请钧安 袁金铠谨禀 十月三十一日午前九时。"

张作霖接到电文,相当满意。奉系在名义上已经控制了直、鲁、豫、苏、皖、闽、浙、赣、陕、晋、察、热、绥、吉、黑等十五个省份,势力已经达到大半个中国,其气势之盛,一时无两。其时,张作霖正在酝酿组织"安国军",亲自担任"安国军总司令",作为新的国家元首,拟让阎锡山出任"安国军副总司令"。因此,张作霖迫切想见到山西代表田应璜,随连发二次函电,让袁金铠及早约请田应璜同莅奉天。

11月3日晚,田应璜在奉方再三督促下,与袁金铠相偕赴奉天。四日,张作霖率奉系军政大员对田应璜到访给予了隆重招待,在晤谈时,他详细向田应璜诉说了奉系所控制的各省情况,并炫耀了奉军雄厚的军事实力。张作霖对田应璜将利害情形及晋省关系较重各节,切实开导,希望阎锡山能够看清形势,与奉方合作,并请就任即将成立之"安国军"副司令。张作霖特意嘱咐田应璜,为了全力对抗北伐军和冯玉祥,成立"安国军"政府愈早愈好,希望他回晋后"转告百帅(指阎锡山),早具决心,以期彻底解决"。

11月5日,田应璜在袁金铠的陪伴下,从奉天回到了北京。旋即在张学良的安排下回到太原,汇报奉天之行的所见所闻。

阎锡山老谋深算,他对接受"安国军"副司令职务一直借故敷衍,但他也以谦躬的姿态表示愿与奉张保持良好的合作。

阎锡山的所为不仅仅是一种战略上的考虑,其实他还有一桩心事始终放心不下。原来阎锡山统领的晋军在战场中接连胜利,部队在短时期内急速扩编,武器短缺现象凸显。为了提升晋军的战斗力,阎锡山通过秘密渠道从日本进口了一批军火,根据合同,要在三个月之后才到。军火从日本运抵天津港口后,再运抵山西,必须经过奉军的地盘,阎锡山如果与奉方决裂的话,这批日本军火有可能就会让奉军截留。因此,与奉方在短时期内的修好关系也成了阎锡山一个非常实际的策略。阎锡山知道这件事瞒不过奉张的耳目,特意让田应璜通报奉方,以确保这批军火的安全。奉系和日本人一直保持着密切的联系,张作霖早就知道阎锡山订购的日本军火一事。张作霖为了拉拢阎锡山,对于晋方显得非常慷慨,他对田应璜表示奉方会竭力保证这批军火的安全,希望阎锡山放心。这件事也是田应璜在世时为阎锡山做的最后一件大事,可谓鞠躬尽瘁、死而后已。

11月14日,张作霖同各路军阀代表在天津蔡园(张作霖官邸)召开了军事会议,史称"蔡园会议",阎锡山委派的首席代表就是田应璜。11月30日,由孙传芳领衔、吴俊升、张宗昌、阎锡山、商震、张作相等共十六位高级将领发出联名通电,拥戴张作霖为"安国军"总司令。12月1日,张作霖发表通电就职,就任"安国军"总司令,并随后任命孙传芳、张宗昌为副司令,杨宇霆为参谋长。此时的张作霖,统驭着中国除南方蒋中正统领的"国民革命军"和西北冯玉祥部队以外的所有军队，个人权势达到了巅峰。

张作霖就任"安国军"总司令后，其幕僚们也加紧磋商政府组阁问题。经过一轮又一轮的沟通联络，"安国军"参谋长杨宇霆决定让顾维钧留任国务总理，重组内阁。顾维钧为了更好地行使职权，他决定让汤尔和出任新一届财政总长，拟将出缺的内务总长职务邀田应璜担任。田应璜是晋方代表，又颇得奉方信任，顾维钧此举也是想体现新内阁是北方军阀合作的结晶。不料田应璜因阎锡山对加入"安国军"政府不甚积极，认为今后时局变化无常，以病老为名，坚辞不就，不愿卷入此漩涡之中。

民国十六年（1927）一月，安国军总司令部设立政治、外交、财政三个讨论会，与顾维钧名义上的内阁相比，这更像一个有实力的真正内阁。田应璜因在奉晋联络中功勋彪柄，被任命为安国军总司令部政治讨论会会员。这个政治讨论会是为未来成立的国会做准备，政治讨论会会员也就是将来的国会议员，这也是田应璜人生中最后一个政治职务。

尽瘁而死

田应璜在近一年之内四处奔波，为了晋、奉联盟可谓尽心竭力。在"倒冯"之后的晋奉合作中，奉方张作霖真心实意、坦诚相待，晋方阎锡山却态度游离、敷衍应付，脚踩张作霖、蒋中正、冯玉祥三只船。田应璜在长期对奉方联络中，颇受器重，以至有知遇之感。他看到阎锡山只是对奉方虚与委蛇，而非全力合作，自觉对不住奉方朋友，渐生心灰意冷之感。田应璜心情不畅加上身体羸弱，竟一病不起。

田应璜育有二子，长子田汝弼出嗣于兄田应韶，身边只有在北京大学读书的次子田汝庚（字仲昌）。其时田汝庚恰好生病，并于2月9日突然去世，这给了田应璜沉重一击。

田应璜性本豁达，不介于怀，但此次病重（一说鼻瘤病）再逢丧子之痛，再难抵御。2月19日，病势加剧，旋即不治，享年六十三岁。

田应璜去世后，张作霖念着旧情，电邀在奉天的袁金铠急速回京，全面照料田应璜丧事。田应璜在奉、晋合作中起过关键作用，对奉系问鼎中原立过大功，况且正值奉系争取晋省的关键时刻，张作霖遂命把控的顾维钧内阁以国家名义对田应璜明令表彰，并在国史中立传。阎锡山因田应璜在民国以来"尽瘁桑梓，身系安危"，功勋卓著，也划拨专款，为之安排丧葬事宜。

民国十六年（1927）4月，在袁金铠的主持下，祭奠田应璜仪式在北京举行，由于正值非常时期，追思会的规格并不大，办得简单而庄重。随后，田应璜灵柩在家人的护陪下，离开北京运回原籍山西浑源县。在北京出殡时，有张作霖、阎锡山等二十多位军政大员致送的挽联、挽幛，以及其他部门、亲朋致送的联幛、花圈以及佛教祭品不计其数，几十辆汽车为之送行，据说当时人头攒动，万人空巷。进入山西地界后，阎锡山饬知沿途所过各县,焚香设案举行路祭仪式,给予非常隆重的祭祀礼遇。

4月27日(阴历三月二十六),田应璜灵柩被运回浑源田家大院(现西大街唐角巷6号),同一天举办公祭大会。当日,赴田府祭奠的有县署、各机关、各团体、地方士绅、军警农工商各界等机构与个人,络绎不绝,人山人海,挽联、花圈摆满了院子和前巷。公祭大会由浑源县知事主持,祭文由乡绅麻席珍代拟并宣读,祭文念毕,全场哭声一片。

5月1日,田应璜灵柩在家属、士兵、道士们的护送下,安葬于县城北的海村祖茔,与其先卒的原配夫人杨氏合葬。

民国著名政治家田应璜的传奇人生从此封存于漫漫历史之中。

新学进士王荩臣

韩 众 城

浑源属山西大同管辖，因境内有北岳恒山而闻名中外。浑源历史悠久，名人辈出，其中王荩臣因亲身历经清朝、民国、新中国而颇具传奇色彩。

在清朝，王荩臣是浑源最后一位新学进士；在民国，王荩臣是山西军阀阎锡山治下的最后一任山西高等法院法官；在新中国，王荩臣是山西文史馆馆员、浑源三大"右派"之一。从某一方面讲，王荩臣的历史就是一部浑源近代史的宿影。

乡试中举

清朝末年,王家在浑源可谓世代书香门第。王荩臣的祖父王尊贤是道光辛卯恩科(1831)举人,曾为晋北一带的名师,桃李满天下,《浑源州续志》里有一篇《宝斋王老夫子教泽碑志》,记录了他教书育人、泽惠乡里的事迹,以大挑任职解州平陆县训导,后告老归里。同治三年(1864),浑源知州李镜清召集绅商重修悬空寺,王尊贤既为董事经理人,又为《重修悬空寺碑文》撰写者,此碑石现保存在悬空寺内。王荩臣的父亲王梦曾,拥有四十八公顷土地,曾在城内玉皇阁开办了一所私塾,受教者甚众;还在西关街经营过一家"王庆余堂"中药铺,有"积善之家,必有余庆"的含义。

王荩臣(1882—1973),字念祖,浑源城关人。其名出自《诗经》中的《大雅·文王》:"王之荩臣,无念尔祖。"《朱熹集传》称:"荩,进也,言其忠爱之笃,进进无已也。""荩臣"本谓王所进用之臣,后引申指忠诚之臣;"念祖"则是不忘祖德。"荩臣"与"念祖"都有出处,从起名便可看出书香传家的渊源,以及祖父辈对他寄予的期许。

王家的家境殷实,王荩臣最初在自家开办的玉皇阁私塾读书,淘气顽皮,十四五岁时经过父亲训斥开导开始觉悟,进入东门外恒麓书院发奋攻读,院考时以童生案首被录为州学附生。其时,山东日照人王廷槟担任恒麓书院山长,虽为举人出身,每以翰林自期许,尝论天下大势,指陈时政与利弊得失,如数掌纹。书院每月大体分为两课,上半月为官课,由知州、学正、训导轮流教导和考核;下半月为师课,由山长、教习悉心传授。在王廷槟的栽培下,门下弟子无不奋勉,优秀者有王荩臣、麻席珍、侯鸿恩、姚德厚、程廷遇、王彰善、张凤鸣等人,可谓英才荟萃。显然,一位优秀的山长对门生学业起着至关重要的作用。

光绪二十六年(1900)按例是乡试之年,因"庚子之变"而停科。光绪二十八年(1902)春,朝廷在全国各地倡办新学,新创办山西大学堂设中学专斋和西学专斋,学生从全省新旧生员中择优调入。王荩臣得以被推荐到入山西大学堂中斋学习,接受了中斋总理谷如墉、历史教习田应璜等先贤之教益。是年八月,壬寅补行庚子恩正并科乡试在西安举行,山西因原巡抚毓贤支持义和团烧教堂、杀洋人,受到朝廷责令停科的处罚,不得不与陕西合闱,借考于陕西贡院。王荩臣和十余位浑源士子千里迢迢去西安应试。此科山西乡试共取录举人一百四十名、副榜二十四名,浑源恒麓书院挂榜者共七名,王荩臣(第二十六名)、程廷遇(第二十九名)、麻席珍(第五十九名)、姚德厚(第六十八名)、张凤鸣(第八十六名)、王彰善(第一百一十三名)等六人为举人,刘克勤为副榜(第十八名),是浑源州清代科考录取人数最多的一次。

乡试的次年要进行会试,会试原在顺天贡院举办,由礼部主持,考中者是贡士,再经过殿试取为进士。由于顺天贡

院毁于"庚子之变"的战乱中,此后会试就权移在开封的河南
贡院举办。光绪二十九年(1903)、光绪三十年(1904)春,王
荩臣经山西京官谷如墉(山西大学堂总理兼户部主事)、田应
璜(山西大学堂中斋教习兼内阁中书)出具印结,前往开封参
加了会试,均告罢归。

光绪三十一年(1905),清廷下诏:"自丙午科(1906)为
始,所有乡、会试一律停止,各省岁科考试即停止。"至此,由
隋朝开始,在中国存在了一千三百余年的科举考试正式宣告
终结。

新学进士

"庚子事变"后的光绪二十八年,中国进入了一个更为波
荡起伏的大变动时代。清政府顺应时代潮流,在各地兴办新
式学堂,以期学习外国的科技与文化来自强图存。按照朝廷
法令,山西各地的旧式书院变更为新式学堂,恒麓书院便改
名为浑源中学堂,聘请了泽州名士郭象升担任学堂总教习。

王荩臣中举后,回到家乡一边执教于浑源中学堂,一边
备战会试,及至光绪三十一年废除科举制度,便重新思考自
己的前途。鉴于学习西学的社会大形势,他又一次踏入山西
大学堂,求学于以西学为主要课程的西斋。山西大学堂创办
于光绪二十八年,王荩臣当年入学是第一期学生,在光绪三
十一年(1905)重新入学,就是第四期学生。其时,学生刚入

学时,大多思想上比较保守,西斋的教习在课堂上总是宣扬基督教义和现代科学技术,这种知识经年累月的灌输,使得学生们固有的传统观念有所淡化,思想上多了开化、接纳、反思的看法,经过这种潜移默化的熏陶,西斋学生也成为山西最早的一批学贯中西的知识分子。

按照大学堂学制的规定,西斋分为"预科"和"专门科"两个阶段。预科是通识教育,学制三年;专门科是专业教育,学制四年。预科毕业可升专门科,专门科分设物理、化学、采矿、土木工程、法律等学科。预科毕业生,经朝廷赐考及格者,一律奖以举人出身,毕业生原系举人的,奖以官职;专门科毕业生,经朝廷赐考及格者,一律奖以进士出身。

光绪三十四年(1908),西斋第四期预科学生学业期满,经上奏批准,清廷学部要求毕业生赴京师参加京考,王荩臣位列其中。按照西斋办学章程,考试以60分为及格,60分以上者先行发给文凭,饬部奖予举人出身,以昭鼓励。王荩臣的成绩为65.9分,位列中等,奖予举人出身。王荩臣既是科举的旧学举人,又是新学举人,这种双料举人在中国历史上是极为罕见的。

清廷规定,西斋毕业生兼具新、旧学举人者奖以官职。西斋第四期毕业生只有王荩臣一人是这种情况,有鉴于此,山西巡抚宝棻专折上奏为王荩臣请奖:

皇太后、皇上圣鉴:谨奏,学部奏议复山西大学

堂毕业举人王荩臣改奖片，再由内阁钞出。山西巡
抚宝棻片奏：西斋第四期毕业学生王荩臣，原系已
就拣选，请改奖职官等。因查奏定学堂章程，内载
各省高等学堂应得举人奖励者，如该学生原系举人
应奖给官职等语。前次山西西学专斋第二期毕业
生内有贾映南一名，原系举人，照章改奖以知县，不
论双单月选用在案。兹王荩臣原系已就拣选，举人
与贾映南同，一律拟请改以知县，不论双单月选用，
以示鼓励。谨附片具陈。伏乞。

西斋第二期毕业生贾映南也是双料举人，按照规定获吏部任命为知县，王荩臣此前已被补为拣选知县，照例也应如此办理，即改奖为知县实职。但是，事实上王荩臣并没有被实授为知县，而是选择继续在西斋法学专门科深造，以掌握实用的专业知识来适应社会大变革的需要。西斋法学专门科所开的课程有：法律学、罗马法、国际公法、大清律例要议、中国历代刑律考、宪法、海军律、国际法律比较、交涉法等，涵盖了现代法律的方方面面，课程设置相当全面。王荩臣不畏艰难，系统地学习了西方各国的法律制度及产生原理，英文水平也得到很大提高。

王荩臣重返山西大学堂学习期间，加入山西同盟会，成为早期的山西同盟会员。他积极参加各种活动，与梁俊跃、米佩莱、武绍先、庞东生、郭象升等同学一起创办《晋学报》，启蒙民智，推动民主革命运动。

宣统三年（1911）1月，王荩臣在西斋法律专门科毕业。经上奏批准，清廷学部要求这一批西斋毕业生在北京参加京考，以确定奖给进士出身的名额。在学部组织的京考中，王荩臣成绩及格，名列中等。8月30日，王荩臣等十六名西斋专门科毕业生由学部官员引见，接受了清隆裕太后、宣统帝的进召，著赏给进士出身，时人称之为"新学进士"。

王荩臣得中进士之时，正是武昌"辛亥革命"爆发之际，旋从北京回到太原。在太原，王荩臣和山西同盟会员联络密切，以期共图大业，不久他被《山西民言报》邀为主笔，遂以

《山西民言报》为宣传阵地,大声疾呼民主共和,倡导同盟会纲领,积极参与山西光复运动。在担任主笔期间,王荩臣因写文章忤逆了某军官之意,报馆被砸,他遂避祸返乡,结婚成家,主讲于浑源中学堂,直至清室覆亡。

剪辫风波

民国元年(1912),民国成立,山西是首批响应"辛亥革命"宣布独立的省份。革除旧弊、创立新风是同盟会的基本主张,王荩臣等同盟会员接受委派,纷纷回原籍推动剪除发辫的政府法令。在浑源,县知事班赞臣负有推广政府法令之责,王荩臣便去拜会县知事,共商剪辫大计。为了让乡民们接受剪辫主张,王荩臣率先将自己的辫子剪去,以起垂范之效;此外,他同武营警佐成伟进一步确定了实施强行剪辫的办法。

浑源地处偏僻,人们观念落后保守,有"身体发肤,受之父母,不能毁坏"的传统思想,因此将剪辫视为人格上的污辱。农历"六月六"是传统祭河神、赶庙会的日子,城外木市街河神庙照例要唱戏三天。这天,武营警察强行剪辫引发了大规模的警民冲突,青年菜农们拿起铁锹、镢头当作武器与警察们对峙,当天打死警察二名。菜农们大多受雇于拥有菜园的园主,他们的行动受到园主的同情和支持。次日起,菜农们聚起数千人,组织起"铁锹会"冲进城内,将王荩臣的宅院与浑源中学堂焚毁,这才一哄而散。

惊慌失措的王荩臣逃到太原,通过田应璜找省府告状,控诉"铁锹会"菜农暴动的情况。田应璜不忍心看到乡亲过多遭受杀戮,便向阎锡山建议不发重兵,只惩办暴民头目,赦免协从人员,阎氏允诺。随后,大同镇守使孔赓派了一个骑兵营前往浑源城镇压,"铁锹会"首要分子张文、石大仁被处死,平息了事端。

浑源中学堂的前身是恒麓书院,清末新政时建学堂、废书院,由此而更名,因地处城外东关被当地人俗称为"东关书院"。民国二年(1913),东关书院破土动工重新营建。这所书院的营建费用来自多个方面:一是菜园"园子行"园主张官、李六、杨老二等人的罚没款,他们是"铁锹会"组织背后的支持者;二是盖房木料由木市街段木店供应,段木店东家段经元同为"铁锹会"组织背后的支持者;三是王荩臣家捐助善款若干,王梦曾因为儿子王荩臣是事件重要关系人,为了化解王家与乡民的矛盾,因此主动捐资。焚烧东关书院是清朝与民国过渡的标志性事件,焚烧前的校名为"浑源中学堂",营建后的新校名开始是"私立浑源中学",后改为"山西省立浑源中学"。

王荩臣在民国元年逃离家乡。一方面王家财产严重缩水,近乎破产,他不得不在外努力工作,赚取薄薪来贴补家用;另一方面他既害怕乡民找他寻仇,又不想给父母增添不必要的麻烦。因此,他只能长期漂泊在外,远离亲人的思念让他的精神痛苦不堪。

南北奔波

民国元年(1912)8月,王荩臣赴省城报告了浑源"铁锹会"暴动后,就滞留在太原。9月中旬,孙中山先生一行由北京乘专列来到太原。9月19日下午,山西同盟会在文瀛湖畔的礼堂为孙中山举办了隆重的欢迎会,王荩臣等在并的山西同盟会员全部参加,会议由阎锡山主持,景梅九致欢迎词,孙中山发表了重要演讲。演讲结束后,孙中山先生与全体会员合影留念,现在,这张文献价值极大的照片珍藏在山西省博物馆内。王荩臣聆听孙中山的演讲并参与盛会,成为人生中最具风采的一页。

民国二年(1913)6月,民国政府司法总长许世英向大总统呈请任命第一批山西司法官员,王荩臣被任命为山西太原地方审判厅推事,成为构建山西法律现代化的先驱者。

民国三年(1914)前后,山西省立第三中学(俗称云中三中)在大同创办,首任校长孟元文(1878—1952,字炳如,灵丘人)四处延揽名师。孟元文与郭象升、王荩臣一直交往甚契,因此力邀王荩臣加盟。王荩臣目睹政坛的丑陋和黑暗,决心远离政治,把教书育人作为自己的人生目标,欣然应聘为省立三中的教务主任。

民国四年(1915),浑源在恒山山门处建造了一座木质牌坊。匾额的一面是由县知事李兆麟撰书的"北岳恒山",另一面是由王荩臣撰书的"屏藩燕晋",所留落款仅为"邑人王念祖",可见其内心的谦卑之态。

民国六年(1917),省立三中校长孟元文调任离石县知事,怀仁人苑友梅接任校长之职,他一到任就向省政府申请拨款购地,重建校舍。民国十年(1921),占地五百亩的新校园建设完成,学校的主体建筑参照了天津南开中学的图纸设计,既保留了中国传统特色,又借鉴了欧洲中世纪建筑风格;校园是按清华大学的规制建设,有教室、实验室、国书馆、宿舍、礼堂等,建筑风格亦中亦洋,各具特色,时有"北开"和"小清华"之美誉。

民国七年(1918),田应璜出任北洋政府参议院副议长,山西的势力在北京政坛上空前扩张,一拨又一拨的山西籍人士来到北京,参与到参议院与众议院的选举中。王荩臣作为山西教育界推选的选举人,赴京参与了众议院的选举。这一年的北京,正是"安福派"气焰高炽之时,王荩臣的不少故交被选为众议员,他自己却未能当选。在北京待了三个月后,王荩臣只好抱着遗憾返回大同的省立三中。在端阳节,他想到大部分故旧均显达一时,惟自己惨淡依旧,不禁黯然神伤:

> 莫问人间是与非,饥肠日日减腰围;
> 故交强半居华屋,花气氤氲试葛衣。
> 樱桃点血杏儿黄,麦浪风轻日正长;
> 破帽残衫仍故我,榴花照眼又端阳。

此后的几年中,王荩臣不管外面世界的风云变幻,始终怡然自得地过着平静的教书生活。授课之余,他一直研习外语,并将蒲松龄的整部《聊斋志异》全部翻译成英文。可惜的是,这部翻译手稿没有流传下来。在大同,王荩臣为妻儿在离学校很近的地方租赁了房屋,安顿好住处。放学后,王荩臣就能回到家中,享受到久违的天伦之乐,心情非常愉悦。不久,一位故交邀请他去运城(古称河东)共事,待遇要比省立三中好得多,他欣然允诺,托付妻子王恕儿照料好家庭,独身前往。可是,这次外出并不如愿,民国十五年(1926)秋,他只得再次返回大同。

王荩臣此次回来正逢战火纷飞,硝烟四起。国民军冯玉祥军队与晋军开战于晋北,浑源被围攻了八十一天,王荩臣牵挂家乡的亲人,忧心忡忡。延至八月,战局发生了变化,国民军撤出晋北,浑源解围,他才稍微放下心来,挥毫记之:

> 故园报道解重围,风景山河是耶非;
>
> 欲寄尺书探消息,朝来只少雁南飞。

那时的晋北,可谓多事之秋。这年是晋军联合奉、直与国民军开战,烽火连天;转过年形势一变,晋军与昔日盟友奉军又打了个天昏地暗。军阀之间战乱连年,蹂躏着晋北这块土地,民众苦不堪言,王荩臣也深为家乡不平:

> 故园咫尺若天涯,烽火频年阅岁华;

玉笛飞声犹有恨，金钱问卜已无家。

五千貂锦原难恃，十万横磨未免夸；

最是今宵听不得，前溪凄绝后庭花。

民国十七年（1928）秋，奉军兵败撤出山西，大同收复。王荩臣一直挂念着大同城居住的妻子和子女，于是在赴运城之前，先回家住了一段时间，不久应招重返省城法律界。

民国十八年（1929），在太原的王荩臣被任命为山西高等法院民事庭推事，从此稳定下来。随着岁月的流逝，已过中年的王荩臣已经不再是锋芒毕露的鲁莽年轻人，变得沉稳起来，他很珍惜重回政法界的机会，尽管工作枯燥，他仍兢兢业业，不敢掉以轻心，即便到了年关岁尾，他也坚持值班。这年除夕之日，他写诗记曰：

去年此日河东住，夕照荒凉独倚楼；

身世天涯流落惯，今宵守岁又并州。

民国十九年（1930）正月初七，大同家中的妻子王恕儿染病身亡，王荩臣悲痛之情不可言状。两年前，王荩臣离家之时，"小别谁知为永诀，长留应悔是多情"。早知道是这样，自己说什么也不会走，念及至此，王荩臣悲伤地哀叹：

白马萧郎爱远游，卷帘盼断翠楼头；

烽烟黯淡人千里，风露凄清月九秋。

夜夜金钱灯下卜，朝朝云树望中收；

早知从此长离别，不觅人间万户侯。

妻子王恕儿的骤然离世，给了王荩臣重重一击。他回到大同料理完妻子的后事，又急匆匆地返回太原。王荩臣在山西高等法院民事庭任职期间，经同仁故旧介绍，曾先后兼职于云山高中、并州学院等学校。以前，他志向高远，勇于面对和尝试各种机遇，结局总是不尽如人意；现在，中年丧偶，茕茕在疚，顿生随遇而安之念，摒弃争强好胜之心。这也是如刀的岁月留给他的最深刻教训。

"七七事变"前的六七年时间，是王荩臣一生中最为舒心的日子。郭象升是山西著名的文豪，以他为中心聚集了一些诗文朋友。郭象升有个藏书楼曰渊照楼，这些朋友常去那里饮酒消暑、诗词相和，形成了一个相对固定的朋友圈子。王荩臣素来喜好古诗词，常去郭府酒文相陪，这样一来，以前不常交往的朋友又联系起来，心情自然愉悦好多。据有关资料印证，这个时期与王荩臣共同雅集的诗友有：郭象升、李庆芳、常赞春、狄楼海、张籁、孟元文等人。

抗战岁月

民国二十六年（1937）夏，山西遭受了大规模旱灾，运城一带更甚，农作物几乎全部枯死。值此危难时刻，山西显要人物温寿泉、邵修文等百余人发起"山西河东赈灾会"，为运城灾民募粮筹款，王荩臣也位列其中，参与做一些赈灾工作。

福无双至，祸不单行。7月7日，日军发动了"卢沟桥事变"，整个华北骤然笼罩在战争阴云中，王荩臣平静的生活被打碎了。王荩臣历经无数次的战乱侵扰和颠沛流离，这使得他对战争非常憎恶，他愤然高呼："愿从此日投笔去，拼将一命赴沙场！"王荩臣此前经历的战乱，都是军阀间的混乱，局限于一时一地，至多席卷半个山西省境。此番日军发动的侵华战争，很快就漫延了大半个中国，这让他深感"寸寸河山分国界，这回不得比前回"。在太原，王荩臣卜居于友人宅中，目睹这座历史名城惨遭日军蹂躏，不禁发出"万里河山归破碎，百年文物竟凋残；诛茅胜有东门宅，狼藉图书掩泪看"的哀叹。

王荩臣除了民国二十七年（1938）避居榆次外，基本上一直都在太原居住。在那个令人窒息的处境中，他或靠积蓄度日，或被聘做私人教师，日子过得非常艰苦，勉强维持一个"满地兵戈幸不死"的地步。无论处境多么艰难，王荩臣始终不与日伪政权合作，没有在日伪政府任职。他很庆幸自己在战前没有担任过高官显要，此时可得以避免受日伪政府胁迫出来做事。对于日据时期的那段历史，劫后余生的他曾说过一句话："我从来不曾拿过日本人的薪水。"

民国三十二年（1943）春，王荩臣次子王道正因不愿为日军服务，投湖自沉。王荩臣是中国传统文人，他骨子里浸润

着士子的爱国心与民族气节,次子离世使得他的爱国节操得到进一步升华。当年中秋,他以笔为利器,悲愤地质问苍天:

> 谁料中秋月,又从异地看;
> 百年蓬鬓老,一夕酒肠宽。
> 骨肉经春别,江山半壁残;
> 为问腰下剑,何日斩楼兰?

此后,这位六旬老人将更多关注的目光投入到全民抗战中来,他在政治上倾向于阎锡山的主张,还加入了阎锡山的秘密组织"同志会",充任"同先"或"会员"等低级别成员。

民国三十四年(1945)8月,日本宣告无条件投降,太原光复。九月初,有"同志会"背景的他率先回任于山西高等法院,仍就推事之职,参与了省高院的重建工作。民国三十五年(1946)1月7日,王荩臣奉命恢复榆次地方法院,担任了榆次地方法院光复后的首任院长。约一年后,又回到了省高院任推事,旋任民事庭庭长。

1949年四五月间,太原、大同相继解放,统治山西长达三十八年的阎锡山在太原战役打响前南逃,山西各机构的官员或逃亡或隐匿,各寻安身之所。王荩臣是旧省府治下的中下级官员,出于对新政权的恐惧,也离开太原,到故交董崇仁在秦皇岛的铺面藏身,帮忙记账了几个月时间。

落叶归根

1949 年 10 月，新中国成立。王荩臣决定落叶归根，回到家乡浑源，住回二神庙街的老宅（现东大街大石头巷 11 号），时年六十七岁。王荩臣前半生经历过清朝和民国，正式公文中一律用"王荩臣"这个本名，解放后，他刻意回避以往的个人历史，在各种材料上都用自己的"王念祖"，以淡化那个代表着"封建落后"的名字。

王念祖的名气太大了，回家乡不久，就被县政府邀请为知识分子代表，参加了浑源县第一届代表大会，成为重要的统战对象。1950 年 5 月，察哈尔省在省会张家口市召开全省各界人士代表大会，浑源县赴省代表共九人，其中知识分子代表只有一人，那就是饱学之士王念祖。在会议上，他获得大会奖励的"骆驼牌"钢笔一支。王念祖从张家口回来后，正值县政府在西关沙河桥修建烈士塔，县领导派人请王念祖撰一副对联，老先生用毛笔工工整整地写了"驱日寇祖国解放，灭蒋贼人民翻身"，此联由石匠左士金雕刻于门楼两边的汉白玉石柱上，成为人们瞻仰烈士塔时必看的亮点。

1952 年，察哈尔省撤销后，浑源重归山西省管辖。山西省政府于 1953 年 1 月设立省文史研究室，王念祖便被聘为省文史馆馆员，每月可以收到月薪 50 多万元（1955 年起改为 50 多元）。王念祖有强烈的爱国主义情操，他接受聘任后精神非常愉悦,将珍藏多年的一套《二十四史》捐赠给山西省文史馆,以表示对新工作单位的支持。

1957年3月,浑源县根据政协全国委员会章程规定和省、地委指示,决定成立政协浑源县委员会,时任县委书记李志远为政协筹委会主任,李之光、程醴泉、王念祖为副主任,进行县政协的筹备工作。4月18日,县政协正式成立,王念祖被聘为政协常委,积极为家乡的发展建言献策。7月,浑源县开展反右运动,王念祖被打为右派。7月24日至26日,县委召开"反右"会议,集中批驳了本县三名"右派"分子兰玉清、王念祖、张文慰,还在《浑源小报》上点了名,从而把"反右"运动推向高潮。

这场"反右"运动给王念祖带来的后果是灾难性的。自从他被打成"右派",不再是县政协委员,还被山西文史馆开除了公职,停发了工资。在此之前,王念祖还有一笔进项,就是西关街铺面的租金,可是这笔微薄的租金在他被打成右派的前一年(1956)就再也没有给过。可以说,在"反右"运动前后,王家顿失两笔经济进项,生活水平受到明显影响。"大办公共食堂"时期,王念祖的院子被民安大队征用为食堂,他搬至对门院的两间西房居住,度过了人生最后的十多年。

王念祖尽管被打成"右派",县委领导知道他确有真才实学,有些事情会征询他的意见和看法。王念祖依其所学,披肝沥胆,直陈己见,从不谦避。1958年3月,恒山南峪水库在国家水电部批准后动工修建,最开始立项时定为"南峪水库"。王念祖听说后,感喟道:"怎么起了个这样的名字,太小气啦!恒山是五岳之一,叫成'恒山水库'多好!名字多响亮!连'浑源水库'都不能叫,还叫成'南峪水库'?"后来,县领导认为有道理,果真改了过来,这就是现在"恒山水库"名字的由来。

1963年以后,王念祖仍被聘任为第三届、第四届县政协委员。他自觉改造自己,提高认识,划清界限,积极参加文史编辑工作,同时将自己保存已久的古书、古画,拿出一部分发给参加县政协学习的委员们,做出了一定的贡献。

1973年,王念祖因病去世,享年九十二岁。王念祖诗词功底很深,他一生创作了大量诗词,留下来的有三百余首。这些诗词为后人研究民国山西文化、经济、人文、社会以及战争留下了重要史料。2017年8月,王念祖保留下的诗词由其孙女王静若整理,以《王念祖诗集》为书名结集,由北岳文艺出版社出版。

民国国会议员穆郇

韩 众 城

　　浑源古城闾巷纵横，瓦脊丛布。南城由于地势较高，不怕水淹，风水要比北城胜出一筹，东河总督栗毓美、内务总长田应璜、留日学生薛国仁、国会议员穆郇等名门望族多居于此，其府邸营建得非常排场。其中，位于姚家巷穆家大院的主人，便是民国时期国会议员穆郇。

家族背景

穆氏家族是浑源的大户,其远祖为唐代名臣穆宁。明朝初期,穆宁后代支系之穆文智,因战乱落脚于浑源州李峪村,被尊为穆氏迁浑之始祖。清康乾年间,李峪穆氏第十三世穆祥移居于城南大磁窑村,是为大磁窑村穆氏始祖。穆祥生子发赞,穆发赞生子熙、郁、润,穆熙生子向云、瞻云、步云、庆云、培春,穆向云生子秀、琴,穆秀生子维岐,穆维岐即穆郁的父亲。

穆维岐(1848—1904),字凤山,州学庠生,长于经营,家产日丰,是大磁窑村富甲一方的大户。穆维岐原配为高氏,未育便去世。继配田氏(1854—1933),海村田应璜族姐,"性柔顺勤俭而有法度",同治九年(1870)嫁到穆家,"相夫敬克厥爱,事舅姑以孝闻,治家严谨",将田家重视教育、踏实勤勉、自奉节俭的良好家风带到穆家,"大而课读劝农,未尝不营虑;小而厕牏洒扫,未尝不躬亲也",对丈夫及子女产生了很大的影响。

穆维岐乐施好善、急公好义,对待贫穷族人和乡邻尽可能资助,遇有婚丧嫁娶而无力进行者,则四处联络募资为其办理,深得乡民赞誉。他重资购买了一些名贵的中草药,贮藏在家中,以备疫情年间无偿救治乡民,民众深感其恩。此外,他积极参与各种善事。光绪三、四年(1877—1878)间,山西境内发生特大旱灾,在浑源同样遭受严重旱灾的情况下,穆维岐捐米十五石至州署；光绪五年（1879），大磁窑村重修关帝庙，穆维岐作为经理人，捐资、督工，撰书重修碑文；光绪六年（1880），捐资四千二百文小钱参与修缮千佛寺；光绪七年（1881），捐资五两白银捐修《浑源州续志》；光绪二十一年（1895），再次捐资参与千佛寺的重修。光绪三十年（1904）穆维岐去世，三晋名士、原浑源中学堂总教习郭象升为之撰写墓志铭，于次年立石于孟家窑村祖茔。

清末经历

穆郇（1877—?），字晋卿，生于光绪三年。时值历史少有的"丁丑大荒"，浑源因旱情严重绝颗无收，饥民载道，幸赖穆家殷实，郇母自奉菲薄，不但家人能免除饥饿，而且还救助乡民。穆郇"天资聪颖，悟性敏捷"，父母在他小的时候便请先生在家为其授业，后考取为州学的附学生员。

光绪二十年（1894），穆郇的舅舅田应璜为甲午科举人，他日后的崛起也改变了穆郇的命运。光绪二十八年（1902），清政府提倡新学，山西巡抚岑春煊在太原创办山西大学堂，田应璜被聘为中学专斋的明史教习，穆郇和麻席珍、王茪臣、耿臻显、田汝翼等浑源士子均在"中斋"求学，颇为受益。光绪三十年（1904），山西省从山西大学堂选派赴日留学生，耿臻显、田汝翼获得官费留学的资格，穆郇却因父亲病重不得不退学，一方面照料病中的父亲，一方面打理家业，失去了这次赴日留学的机会。穆郁仪表堂堂,生性疏阔,不善经营。其父穆维岐去世后,精明干练的郁母哀痛之余,益以家事自任,昕夕经营,从无倦容。她尽管是妇道人家,但思维敏捷,从容地指挥着家里的管事、长工等仆役,穆家的产业并没有因家主过世而衰落。

穆郁素怀治国安邦之大志,身在家乡的他一直关注着外面的世界,与在外做官的田应璜书信不断。光绪三十三年(1907),田应璜(时任湖北省来凤县知县)受清学部的派遣,以湖北游历员的身份前往日本考察教育,函招穆郁为伴行随员,从天津港乘船东渡。

日本之行,对穆郁一生有着重大意义。当时的留学生很少,崇洋媚外的风气盛行,人们称留学欧美是"镀金"、留学日本是"镀银",从官府到民间对留洋学生格外看重。穆郁虽不算真正留学,但是带有官方色彩的"游历日本"为其履历增添了浓墨重彩的一笔,对于仕途的发展起了重要作用。

田应璜只比穆郁大十二岁,他俩性格豪迈,都怀有"修齐治平"的志向,在很多问题上看法一致,能聊到一起。考察期间,穆郁抓住这难得的良机,就自己关心的中外时局、官场内幕、科举趣闻、风土人情、政治制度等向田应璜请教。田应璜谈锋甚健,好为人师,谈兴一至,滔滔不绝,极大地开阔了穆郁的视野,也培养了他对政治的浓厚兴趣。

光绪三十四年(1908)秋,田应璜一行结束了日本的考察之旅。田应璜在学部述职后,由北京返回湖北任内,穆郁则返回到浑源家中。在浑源家乡，穆郁一面打理家业，一面观察日益动荡的时局。因为家资殷实，他追求财富的欲望非常淡薄，但如何专心实学、实现治国安民的人生抱负，是他一直思索的问题。

清末新政的推行，终结了延续一千多年的科举制度，但对"孝廉方正"的荐举却没取消。孝廉方正是清朝官府为各地民间品行端正、孝悌廉洁之人所授予的一种荣誉，通常由州县举荐、省署上报、吏部存档记名，或以顶戴荣身，或授以官职，旨在社会教化，端正风俗，不拘一格遴选人才。宣统三年（1911），浑源知州荐举穆郁为孝廉方正，经大同知府、山西巡抚等层层上报，得旨认可。

穆郁对"新学"的创办和发展，同样非常热心。清廷颁布一系列新政，要求各地办理新式学堂，大磁窑村的蒙小学堂应运而生，可是因为欠缺办学经费来源，学堂到了难以为继的地步。穆郁看到这种情况，深感忧虑，招集村中父老，共同集资二千一百吊浑钱作为办学基金。将办学基金存于商号，用本金生出的利息作为学堂日常费用，使学堂再无后顾之忧。穆郁作为主要经理人，捐资并撰书《大磁窑村初等小学堂捐款碑记》，树碑立石，以作纪念。

国会沉浮

从那时起，田应璜外接权贵，内连诸侯，运用纵横捭阖的外交才能,成为山西议员派首脑。

民国二年(1913),田应璜被推举为山西代表,赴北京和各省代表共聚一堂,共商国是。第一届国会筹备之时,大部分晋籍议员须从留日学生中选出,田应璜原想将首批浑源留日学生耿臻显、田汝翼两人安排为国会议员,后因田汝翼是其亲侄,恐招物议,于是以穆郇早期游历日本为由,以穆郇顶了田汝翼之缺,进入山西籍议员的竞选阵容。四月八日,民国政府在北京成立第一届国会,田应璜等十名山西籍代表被选举为参议院议员,穆郇、耿臻显等二十八名山西籍代表被选举为众议院议员。从此,穆郇开始了参与国家大政的人生道路。

穆郇担任了众议员后,积极履行职责,参与国会召开的各种会议,提出多项议案。在国会,议员们分为数个党派,各派势力杂间其中,不同的主张、见解迭出,权力角逐非常激烈。国会争斗延续不断,议员们逐渐形成了国民党与进步党(由统一党、民主党、共和党组成)两大对立阵营。在这种复杂而混乱的形势下,议员之间打乱了省籍的限制,各自投向了感兴趣的政党,如田应璜、耿臻显等山西籍议员倾向于进步党阵营,穆郇则加入到国民党。

十月六日,国会选出袁世凯为第一任正式大总统;十一月四日,袁世凯下令解散国民党,并驱逐国会内国民党籍议员。民国三年(1914)一月十日,袁世凯下令解散国会,这是穆郇第一次被褫夺了国会议员的职务。这个阶段,就是史称的"第一届国会第一期常会"（1913.4—1914.1）。"第一期常会"时期，穆郁在思想上靠近孙中山、宋教仁领导的国民党，表现了自己激进的一面。国民党议员被袁世凯清洗后，穆郁面对现实，改弦易辙，接受了田应璜的规劝，彻底脱离了国民党。

民国五年（1916）六月，黎元洪继任大总统，宣布恢复约法，重新召集国会。八月一日，第一届国会在北京复会，山西籍议员共三十八名，田应璜等十名被推举为参议院参议员，穆郁、耿臻显等二十八名被选举为众议院议员。

在民国五年出版的《民国之精华》一书，对穆郁的介绍如下："穆郁，字晋卿，山西浑源人，住址在北京兵部洼十二。君天资聪颖，悟性敏捷，尤富理想，然为人诚实不欺。与人交，喜劝善规过，相其人必能纳谏者，始规正之；否则惟渐与疏远，以示意。及其改悔，则愈善律之。人告以过，则直认不讳。自幼好读，弱冠文采风流，已超出侪辈。及海内维新之后，君慨然弃旧从新，锐意西学，专心实学，夙抱治国安民之志。曾以前清附生；光绪二十八年肄业本省大学堂中学专斋；三十三年游历日本；宣统三年，本县举孝廉方正。民国成立后，被选为众议院议员。国会解散后，南施归里，尽力维持地方公安，及国会重开，遂复入京，仍为众议院议员。"

黎元洪虽为总统，但实际权力为国务总理、皖系军阀段祺瑞所掌握，这就形成了"府院之争"。黎元洪在国会的支持下免去了段祺瑞的职务，各路军阀纷纷宣告独立，以表示对黎元洪的抗议。黎元洪在束手无策的情况下，电请"辫子军"

张勋来京商议,张勋带了五千"辫子军"北上入京,提出的第一个条件就是解散国会。黎元洪不得已,只好于民国六年(1917)六月十二日下令将国会解散,这是穆郇第二次被褫夺了国会议员的职务。这个阶段,就是史称的"第一届国会第二期常会"(1916.8—1917.6)。张勋在北京复辟后,段祺瑞杀了个回马枪,赶跑张勋,恢复共和。段祺瑞拥戴冯国璋为代总统,自己复任国务总理,形成直皖两系共治的格局。

民国七年(1918)初,皖系大员徐树铮为了操纵即将成立的"新国会",成立了一个名为"安福俱乐部"的政治团体,骨干人物有王揖唐、田应璜、康士铎等人。八月十二日,"新国会"在北京召开,徐世昌被推举为大总统,"安福系"议员以绝对优势大获全胜,田应璜被选为参议院副议长,耿臻显为众议员,穆郇为候补众议员。

民国九年(1920)七月,直、皖两系因争夺控制权而展开交战。直系曹锟、吴佩孚在奉系张作霖的相助下,打败皖系段祺瑞的军队,段祺瑞被迫辞去本兼各职,直、奉两系军阀遂控制了北京政权。八月三日,徐世昌大总统在直系操纵下,解散了国会,这是穆郇第三次被褫夺了国会议员的职务。

民国十一年(1922),"第一次直奉战争"爆发,奉系惨败退出山海关,直系控制了京、津地区。黎元洪复职大总统,并恢复张勋复辟期间解散的第一届国会。十月十一日,被恢复的第一届国会正式复会,田应璜等十名山西代表重新当选为参议员,穆郇、耿臻显等二十八名山西代表重新当选为众议员。就是这届国会随后选举直系首脑曹锟为大总统,造成历史上臭名昭著的"贿选"总统事件。

民国十三年(1924),"第二次直奉战争"爆发,冯玉祥部临阵倒戈,致使直系全线溃败。冯玉祥部返回北京,囚禁了总统曹锟,和奉系张作霖共同控制了北京政权。段祺瑞被邀请出山担任临时执政,代行大总统职务。十一月,临时执政府以搜检前总统曹锟贿选证据为名,派人搜检贿选议员们的私人住宅,穆郁等贿选议员们纷纷离京躲避。十二月十三日,第一届国会宣告正式撤销,这是穆郁第四次也是最后一次被褫夺了国会议员的职务。这个阶段,就是史称的"第一届国会第三期常会"(1922.10—1924.12)。

彝器风波

民国十三年(1924)的年底,穆郁回到了家乡,过起了退隐林下的生活。

清末、民国时期,浑源的商贸活动空前繁盛,是晋北仅次于大同的货物集散中心,大大小小的知名商号有千余家之多。浑源的富户指不胜屈,其中产业最多、名气最大的巨室富家当数李廷诰、薛国仁、张官、穆郁四大家族。穆郁家族的财源既是累世相传,又是各项营业而成,其拥有当铺东恒盛、缸坊恒盛公、恒盛纯等数家大商号,此外还与其他家族合股开设了裕兴银号,成为官商合办的超级银行。

政坛多风雨,穆郇已厌倦了官场混浊,乱哄哄你方唱罢我上场,都是一个争权夺势而已。但让人没想到的是,他这次回乡,被卷进到一场争夺李峪青铜器的纷争中。

李峪是浑源城西南的一个山村,民国十二年(1923)三月,该村村民在出地时无意中挖掘出一批青铜器,举县哗然。一个月后,浑源县知事谢恩承派警察没收归公的青铜器有十九宗、正副三十五件,皆属稀世珍品。五月,穆郇从北京归乡探亲,适逢谢恩承邀请十余名士绅共商青铜器事,姚家巷的穆郇府宅深院阔、役仆甚众,县知事和县绅们为了安全起见和讨好穆郇,决定先将青铜器存放在于穆府之中。可是,这批宝物存在穆家没多久,浑中学生得知消息后便游行示威,强烈要求把所有文物公之于众。谢恩承迫于情势,只好派人将青铜器从穆家取回,放在县衙外的图书馆展览示众,昼夜派巡警看管。

民国十三年,县知事谢恩承和绅商们专门成立了一个"浑源彝器处置董事会",准备将这批青铜器拍卖,"以古兴教,以古兴农",以将"得款以备教育、生产与振兴农村经济之用"。12月,穆郇从北京回到浑源,身为位高权重的前国会议员、知名绅士,家乡的大事自然免不了邀他参与。12月22日,谢恩承与穆郇等绅商共同决定,欲将收缴的这三十五件彝器作价五万大洋整体售出。谢恩承因为与法国古董商王涅克有过口头协议,于是便率众绅商于22日与法商代理人、浑源天主教费司铎签署了《浑源县售卖古铜器约据》,督促王涅克践行前约。

李峪铜器为稀世之宝，人所共知。浑源绅商对这批宝物的处理意见，众说纷纭，各执一词，觉得这样草率的卖给法国古董商太过吃亏，于是决定用赝品应付法国商人，把真的李峪铜器另存于稳妥之地。法国商人发觉受骗，自不甘心，于是通过法国公使、外交部向山西督府施加压力，于是北京、太原、浑源三地函电交织，问责、申诉、推诿、敷衍等，打了一场长达数年的公文持久战。

穆郁等浑源绅商为了缓解省府对县知事的问责，上书省府称"据浑源县人民援引保存古物条例，呈控到（县）署，意在不准古铜器出省"。阎锡山把持的省督府敢于偏袒浑源，一方面由于北洋政府过于弱势，对于像阎锡山这样的地方实力派，并不能完全指挥得动；另一方面有田应璜、荣鸿胪对李峪铜器非常重视，千方百计要将之留在当地，阎锡山对他们诸多倚重，不愿意因此事开罪，因此对来自北京方面的问责一直采取敷衍态度。兜兜转转经历了几个轮回，这批铜器就被田应璜之子田汝弼以五万元银元购到手里。

民国十六年（1927），原内务总长田应璜在北京因病去世，法商觊觎之心未失，又托法国公使向山西省政府函文，要求依原约购买李峪青铜器。阎锡山无须再维护田应璜的利益，转而向法国公使妥协，派员"开导"田汝弼出让铜器。田汝弼无力抵制，表面答应省府出让给法商的要求，暗地通过浑源绅商向荣鸿胪求援。荣鸿胪时任北方军官学校校长，性情刚直,重视桑梓,他反对将李峪铜器卖给法商,力主留于国内文物收藏家,并将所售款项全部用于浑源建设之用。荣鸿胪、浑源县署、浑源绅商齐心协力,迫使省府承认由浑源方面自主联系卖家出售,不再强行责令出售法商。

此后,北京古玩商祝某以九万八千元和浑源县公署达成协议,后因浑源绅商认为价钱太低而罢议。直至民国二十一年(1932),北京古玩商卢丰年斥巨资二十九万元将这批铜器买断,浑源绅商们对这个价格可以接受,遂成定议。1949年上海解放时,这批铜器的十几件被收归国有,收藏于上海博物馆,其余二十多件至今下落不明。

李峪铜器的出土与买卖,是浑源历史上的一件大事。穆郇作为浑源绅商群体的一名重要成员,积极参与浑源彝器处置的每个过程,维护了家乡权益,表现出深厚的家国情怀。

据说,穆郇卒于日本人打进浑源的时候,约民国二十六年(1937)前后。

山西武备学堂总办李廷飏

韩 众 城

在中国近代史上，阎锡山绝对是一位绕不过的重要政治人物。宣统三年（1911）武昌起义后，阎氏被举为山西都督，自此执掌山西权柄三十八年，被称为"山西王"。人们往往津津乐道阎锡山在民国时期的权谋武略、军阀争霸，但鲜为人知的是，他的字"伯川"起自浑源名绅李廷飏，他在李廷飏保荐下赴日留学，走上了救国图存的政治道路。

清末新政中，山西创办了一文一武两所新式学堂，文为由户部主事谷如墉、英国传教士李提摩太共同主办的山西大学堂，武为由吏部主事李廷飏主办的山西武备学堂，开全国各省新学创办之先河。庚子西狩期间，李廷飏以吏部候补主事的身份随慈禧太后逃亡西安。可以说，在晚清时局的大动荡中，李廷飏躬身吏部二十余年，参与和见证了数次重大历史事件，直接与间接地推动了大清帝国向现代化国家过渡转型，是一位不该被忽略与遗忘的人物。

家族背景

李廷飓（1860—1911），字赓臣，一字小川，号拙斋，行二，又行三，山西浑源人。

浑源为山西名邑，经济富庶，人文鼎盛，历数其邦富户大族，州城李氏可居其一。李氏远祖何时迁至浑源，已然无考，仅知其近支族亲曾居住于州城北面的毕村、神溪村、东辛庄村，本支最迟在道光年间即迁至城关居住。

李氏世居浑源，耕读传家，贤达辈出。李廷飓曾祖父李世亨，字承德，乡饮介宾；祖父李君辅，字良佐；父亲李富春，字宴园，号晴川，主事衔。李氏家业累世相传，商农并重，传至李富春后，蔚然壮大，经营有多个大商号，涉及多项产业，俨然为浑源富家之最著者。

光绪三年（1877），山西发生了特大旱灾饥荒，三十八位浑源士绅慷慨应捐，共得捐米一千○九十三石，李富春捐五十石，排在《光绪三年解省助赈捐米芳名》第三位。同期，李富春为本郡东辛庄村施粟三十石，以救助该村灾民。李富春并设立义学，独力承担教书先生的膳脩费用，山西学政朱福基赏给李富春"义动乡间"额匾，以旌表其助教义举。光绪七年（1881），知州贺澍恩组织修志局纂修了《浑源州续志》和《恒山续志》，八十八位士绅踊跃捐修，共得捐银一千○三百二十一两，李富春捐银五十两，排在《捐修续志绅士芳名》第三位。

李廷飏出生于咸丰十年(1860)闰三月初七日,自幼聪慧好学,品学兼优,颇受塾师器重。光绪十一年(1885)是农历乙酉年,正逢拔贡考选之年。大同府学廪生李廷飏在岁试、科试两试时,文理优通,已获山西学政吕凤岐留意,遂应拔贡会考。拔贡录取名额有严格的地域限制,府学二名,州学、县学一名。是科,全省得拔贡一百一十九名,二十六岁的李廷飏脱颖而出,榜上留名。光绪十二年(1886)六月,李廷飏在拔贡朝考中发挥出色,拔贡复试以山西省一等三名的成绩,著以七品小京官分在吏部学习。

在吏部,李廷飏看到太多官员职务的迁转升变,认识到只有获取进士头衔,才能在仕途上走得更高更远。按照科举规定,贡生是不可以参加会试的,只有举人才有参加会试的资格。但是,贡生是可以参加乡试的,如果乡试中举,就可以角逐会试了。因此,李廷飏在公务之余,经常读书习文,为备战乡试进行准备。

吏部京官

光绪十五年(1889),因光绪帝亲政,特加恩举办己丑恩科乡试。山西乡试本科共录取正榜举人九十二名,副榜十二名,年龄最大者是五十二岁的猗氏县教谕吴观亨,年龄最小者是二十岁的万泉县增生吴文吉和朔州廪生马存仁,三十岁的李廷飏以第六十四名的成绩成为光绪己丑恩科举人。

光绪十六年（1890）的庚寅恩科会试张榜晓示，李廷飏荐而未售，只能回归吏部任职。《光绪朝会典》是《大清会典》的组成部分，增辑于光绪十二年（1886），告成于二十五年（1899）。李廷飏时任吏部候补主事，被吏部堂官保选到会典馆担任校对官，在长达数年的时间里，参与到这部浩大典籍的校对工程中。

就在李廷飏专注于校对会典那几年，清政府发动了一场轰轰烈烈的变法维新运动。五月二十九日，吏部尚书孙家鼐奏称，《校邠庐抗议》刊印，颁发各署官员，俾诸臣条论可否，以备公认而顺人心。《校邠庐抗议》的作者冯桂芬，他的著述是当时兴起的洋务思潮的代表作，对维新派也有很大影响，并且肇启了后来流行一时的"中体西用"的理论。

右面宋体字是冯桂芬的原文，左面楷体字是李廷飏的签注。

在光绪帝励精图治、广开言路的时局形势下，担任吏部候补主事的李廷飏职秩虽然不高，还是与同部司员一道领书阅勘，详细地作了书签注解，接受了这次面对维新变法的大考。

对于众议用人之策，他认为："不如径用孟子进贤之法，凡有保举人才者，下各部九卿另议，再行录用。由独而众，亦合询谋佥同之道，较无流弊。至考官、学政由公举窒碍太多，难于通行。"

对于裁减河务之策，他认为："谨按此条，河务衙门似宜另议覆实之法，未可议裁。若归并地方，豫、东两省事权不一，易启推诿之渐。责之一省，又恐鞭长莫及，且非体制。又部曹五年内不能补缺者，概令回籍，亦失观政之本意。又武职在能得将材，不在大官之必减也，此条似可择行。"

对于新创办之大学堂毕业生赏给举人、进士之策，他认为："谨按此条，实今时要务。议内赏给举人、进士，究不如前奉上谕，赏给郎中、主事之为尤尊重也。"

对于河水改道之策，他认为："谨按河水断非改道所能治。若改道可治，大地之高下，大禹早已贯熟于胸中，而治他水各顺其就下之性，独河水仍因鲧之功而卒堙，不变以河，迥非他水所可比。讫无一疏即永远奠定之理。若如所议，总可有数百年之利，其如数百年后，何况断难数百年乎。自应以培薄刷沙两法，认真行之，更严杜河员坏隄故智，可永无河决之患，亦在乎有治人而已。改道之议，断不可行。"

对于官服宜俭之策，他认为："谨按此议，亦矫枉而过。

致美服冕,圣人称之,帝尧麑裘葛衣,亦时代古朴使然。若锦绣不得为公服,一概衣布,未免颠倒物情,实非体制。俭固美德,然今日之不俭,在各项用度,实不仅在衣服也。"

对于种田用机器之策,他认为:"谨按,用机器垦田,甚宜行。"

李廷飏将写得工工整整的小楷注解,签夹于书中,洋洋洒洒,计四十八条。细细辨析李廷飏的政论,基本没有激进主张,而是推崇循序渐进,倾向于温和的改良思想。

六月二十五日,军机处陆续汇总各衙门缴回签注的《校邠庐抗议》,按计划应该由军机处整理归纳,请旨施行。但因八月初六日慈禧太后发动戊戌政变,光绪帝被幽禁于瀛台,变法旋遭失败,这些签注本与说贴便被永久封存于宫中了。

此后,慈禧太后以训政之名重操权柄,慈禧太后与光绪帝并坐临朝,维新派官员纷纷遭到罢黜。李廷飏惊心时事,但因立场温和,自问坦然,并未受到影响。

武堂总办

慈禧太后训政不久,北京城又闹起了义和团。光绪二十六年(1900),义和团因为有地方官员的支持,以"扶清灭洋"为号召,在山东、直隶等地攻打教堂、驱逐外国传教士,招至外国联军出兵保护,逼迫清政府镇压义和团。不得不贸然决定对外国宣战,引来八国联军攻占了北京,不得不带着光绪皇帝被迫西逃,经直隶、山西,过黄河,到达西安,史称"庚子西狩"。

庚子西狩之初,跟随的大大小小的官员都是听到消息后先后赶来的,各个衙门的随扈司员,有的一两个,有的三四个,凌乱无章,狼狈不堪。李廷飏一直追随慈禧太后逃亡西安,成为唯一一位浑源籍随扈司员。光绪二十八年(1902)一月,慈禧太后和光绪帝由西安回銮北京,李廷飏作为随侍帝后全程出行的扈跸官员,优奖赏戴花翎,擢升为四品衔的吏部主事,时年四十三岁。

不久,李廷飏请假回籍扫墓省亲,居乡里数月之久,成为一名颇具影响的在籍京官。光绪二十八年(1902)夏,李廷飏在家乡处理完诸多必要事务,因假期届满,便绕道省城察看情形,以便赴京归任。不料时来运转,因创办武备学堂一事而留在了山西。

光绪二十八年,山西巡抚岑春煊相继创办了山西大学堂和山西武备学堂等新式学堂,开启了清末新政在山西的变法自强实践。就在这个时候,李廷飏由家乡返京,在省城太原盘桓停留,遍访故旧,并拜谒山西巡抚岑春煊。岑春煊与李廷飏均为庚子西狩时扈跸官员,旧雨重逢,数次晤谈时局、人才、兵制等事,意甚殷渥,岑春煊便委托李廷飏办理山西武备学堂事宜,这对李廷飏来说是天赐良机。七月初二日,岑春煊上《为请留吏部主事李廷飏经理武备学堂并免扣资俸事奏片》曰:……前因晋省创设大学堂关系重要,当经奏请以在籍户部主事谷如墉总理大学堂事宜，并恳免扣资俸，业蒙恩旨允准在案。兹查晋省武备学堂甫经奏设，挑选本省生童入堂肄习，与大学堂同为造就人才之地，异时将材之兴与戎备之饬必由于此，特非需以时日，渐渍磨砻，难收成材之效。若专委官员经理，一有迁调，必不克始终其事，且与生徒情谊亦未易联络，自非参任绅士经理不可。查在籍吏部主事李廷飏素讲时务，学有本原，现因假满赴京，顺道来省。臣与晤谈数次，察其于东西各国兵制兵事均极留心。臣已照会该主事，会同司道总理武备学堂事宜。惟该主事原系即拟回部销假之员，刻下勉从臣约，留晋经理武备学堂，合无仰恳天恩，俯准饬部免扣资俸，出自逾格恩施。所有恳留京员办理武备学堂缘由，谨附片具陈，伏乞圣鉴训示。谨奏。"得旨朱批："著照所请。该部知道。"由此，李廷飏拿着吏部发给的薪俸，保留了吏部主事的虚职，出任山西武备学堂总办的实职。

当时，武备学堂已经招录了一百二十名新生，其中有阎锡山、黄国梁、温寿泉等人。光绪二十九年（1903），阎锡山勤学苦读，各科成绩优异，尤其爱发表时论，一月两次的"作论"甚得教习嘉许，每为一百二十人之冠，由此受到李廷飏的器重，特赠字曰"伯川"，意与"锡山"相配，义取高深广大、百川汇海。及后，世人也敬称其"百川"，亦多有以"百帅""百公"为尊称。

光绪三十年（1904），武备学堂第一期学生尚未到毕业时期，山西巡抚张曾敭奏报选派学生留学日本，由山西武备学堂选二十人学习军事。李廷飏按成绩优秀者呈单保送官派留日学生,阎锡山、姚以价、张维清等三人被清廷给以公费,温寿泉、黄国梁、乔煦等十七人由山西省给以公费,这也是山西最早的一批留学生。阎锡山、姚以价、温寿泉、黄国梁等这批武备学堂的留日学生,回国后成为山西新军的骨干将领,武昌起义后成为光复山西的辛亥元勋,在山西近代政治舞台上大放异彩。

光绪三十二年(1906)春,山西武备学堂奉令停办。三月初一日,山西巡抚张人骏上奏,为吏部主事李廷飏留办山西武备学堂事竣,回京供职请饬部带领引见。至此,李廷飏结束了在山西四年的工作经历,回归了吏部主事的本职。

保矿运动

庚子之变前后的清末新政,是清政府顺应时局进行的一次经济和政治体制改革运动。同期,在山西实施的新政中,最具有影响力的就是保矿运动,李廷飏数次参与其中,发挥过重要作用。

光绪二十八年(1902)7月,李廷飏为了保护山西矿源,与渠本翘等十二名在籍山西京官一道,联名禀称,愿意筹集股本,设立"丰晋矿务总公司"。但是,因为山西巡抚更迭过于频繁,时势进展太快,丰晋矿务总公司并没有真正运作起来。

光绪三十一年(1905)5月,英国福公司总董哲美森一行由北京来到山西,谒见山西巡抚张人骏等人,洽谈山西矿务。

经过数月的晤谈，双方的意愿南辕北辙，终致分歧不可弥合，哲美森等人在十一月初离晋返京，怒气冲冲地表示要到外务部论理，意图通过外交斡旋让山西屈服。面对福公司的持续施压，李廷飏再一次挺身而出，他与刘笃敬二人联名致山西京官及外务部函，汇报与福公司的交涉原委和纷争要点。《晋绅刘笃敬、李廷飏致京官函》曰："敬启者，福公司总董哲美森来晋议矿未成，初三日即起程回京，所有两次会晤问答，另折呈阅。渠所争在'专办''转请'。'专办'二字，前外部驳议甚坚；其'转请'二字，汉文合同词义，本自明晰，惟英文合同渠只就"转"字译作"转交、转付"等义解。……如有需（刘笃）敬等进京之处，祈即赐电，以便遄往。是否有当，伏祈采择。谨缮公函，敬叩，钧安。刘笃敬、李廷飏顿首。"经过几番沟通，山西巡抚张人骏派主事李廷飏、举人刘懋赏为代表，专门赴京到外务部，与英国福公司交涉。

光绪三十二年（1906）正月初六日，晋省代表与福公司在外务部举行会谈。谈判结束后，李廷飏、刘懋赏将会谈纪要通报给山西巡抚和山西京官，并向外务部、商务部再次呈文。《晋省代表李廷飏、刘懋赏具外、商部呈文》曰："为地方遵章自办矿务，呈请大部作主。……饬令该公司照章退让，以伸公理而挽利权，无任屏营迫切待命之至。谨禀。"

此后两年时间，李廷飏一直为山西保矿运动出智出力，殚精竭虑，多方奔走，积极活动。直至光绪三十三年（1907），浑源籍京官赵国良应山西绅商人士所请，呈请农工商部批准成立山西保晋矿务总公司,并举渠本翘为总理,以赎回山西矿权。至此,历时数年之久的保矿运动终于取得了彻底的胜利。

李廷飏作为具有开创意识和家国情怀的山西京官,在清末实业救国的浪潮中,不但参与过山西保矿运动,还参与同蒲铁路的开创。光绪三十一年七月,李廷飏等晋省绅商拟集股本设立同蒲铁路公司,修筑同蒲铁路,恳请立案,以保权利。八月,翰林院检讨解荣辂、吏部主事李廷飏等三十三名山西京官联名呈请农工商部立案,同蒲铁路公司成立。可是,由于种种原因,同蒲铁路直到清朝覆亡也没有修竣。

风雨甘州

光绪三十二年山西武备学堂裁撤后,李廷飏回到吏部。不久,因兴办山西武备学堂及维护山西利权等事,议叙擢升为吏部郎中。

宣统元年(1909)是农历己酉年,为三年一度的京察之年。按照清朝官员遴选制度,有三载考绩之法,考察京官称之为"京察",考察外官称之为"大计"。李廷飏被吏部堂官考核为京察一等。按照惯例,京察一等被皇帝用朱笔圈出名字者,须由本部堂官出具切实考语,一体带入宫中引见,再经皇帝两次面察,确定给钤出者授职,以示褒勉。六月十七日,内阁奉上谕,"甘肃兰州府遗缺知府员缺,著李廷飏补授,钦此"。李廷飏就被任命为兰州知府。孰料,兰州府知府被原甘州府知府刘振镛调补,李廷飏只好补授了所遗的甘州知府之职。

宣统二年(1910)十月,李廷飏终于来到兰州,新官履任,向例应先到督署衙门上谒总督,聆听垂示。李廷飏至甘州府接印,到任伊始,查看风土民情,化诱愚顽,妥为筹划,颇具一番振兴气象。其对吏对民,因势利导,有未尽者,曲为引伸,有过当者,稍示限制,以善政德行相教化。惟有禁烟一事,成为甘肃吏治的顽疾,也为李廷飏的心腹之患,多地府县甚至激起民变,令人触目惊心。

宣统三年(1911)二月,甘州知府李廷飏、禁烟委员王振鹏率军警下乡检查罂粟种植情况,看到农民早经下种,烟苗已出土,便强令军警们铲除。乡民闻风而至,迅速聚集了数百人,强行阻拦。李廷飏见势不对,在随从护卫下匆忙逃回城内,下令坚闭城门,激起事变的民众攻进甘州城,拉倒王振鹏的房子。甘州提督马进祥与调来西宁镇马福祥、甘凉道张毅率两路大军赶来镇压,为首乡民徐成明、刘祝林、丁积庆被斩首,甘州守备周秉钧、拔贡王九卿因暗中支持乡民被革职充军,另有十余人被处徒刑。

李廷飏经此情事,大病一场,延至八月初,竟至撒手西归,享寿五十二岁。宣统三年八月十八日,陕甘总督长庚上奏:"为甘州府知府李廷飏病故,遗缺请旨简放。"这也是李廷飏的名字最后一次出现在奏折上。仅仅一个月后,武昌起义爆发,直接敲响了清王朝的丧钟,李廷飏就这样死在大清帝国覆亡的前夜。

山西名举子张官

侯　桢

民国初期,浑源大地流传着一些顺口溜,"赵国良写大字,圪溜把弯有劲气";"五台的阎,浑源的田,一咸一甜";"张官、李六,一对灰兽";"火烧书院、天意,张文挨刀、骨气"等等。这些朗朗上口的俗语在二十世纪六七十年代的浑源县城还广为人知,句句都是一个远去的故事。张官、李六是当时有名的大财主,张官为浑源著名士绅,这些故事大都直接或间接隐约能看到他的身影。

会试上书

张官(1851—1933),字升廷,山西省浑源县郝家寨人,先祖张闾,康熙年间廪生;曾祖张伯浩,祖父张铎,父张维德虽然居于乡间,但均身负功名。同治、光绪年间,张维德是浑源州富甲一方的大财主,光绪八年(1882)贺澍恩知州修纂《浑源州续志》时,捐款白银四十两,光绪十六年(1890)重修三清殿时捐款六千文,均位于捐赠前列。现存张家老宅,土改后成为村委会延续至今,仍然是郝家寨村规制最大、最雄伟的清代大院,正堂前庭、柱下石兽、门口门墩、檐下砖雕保存尚好,显示着昔日主人的富庶,历经百年风雨,仍难掩其风华。

张官排行第三,兄张玺、张胜。张官成长于郝家寨大院,曾就读于恒麓书院。光绪十四年(1888)张官乡试中式,成为戊子科举人,延续了张家书香文脉。此后礼部三次会试,均与进士无缘,按例获得"拣选知县"资格。

光绪二十一年(1895),张官与田应璜、王暨和、柴淇、孙秉衡、栗国聘、傅倬等浑源举人一起赴京会试,等待发榜期间,中日《马关条约》割让台湾、辽东半岛并赔款二亿两白银的消息传来,举国哗然,应试举子群情激愤,康有为、梁启超和各省举人纷纷上书,史称"公车上书"。山西六十一名举人联名上书,其中有浑源籍举人张官、田应璜等。条陈历数不能割地赔款的种种理由,及清政府应采取的应对之策。条理分明,言辞恳切,体现了山西举人的民族气节和爱国情操,朝廷官员推为各省上书中文采第一。

光绪二十四年(1898),张官与同州举子赴京再应戊戌科会试,赵国良等丁酉拔贡赴京参加朝考,二人因缘际会,引领山西士子一百一十三人,通过都察院联名向朝廷上书,参与山西保矿运动,维护了山西矿业权益。

山西保矿运动源于光绪二十二年(1896),英国福公司为攫取巨额经济利益,与山西商务局签订开矿筑路合同,得到山西巡抚胡聘之与清政府总理衙门大臣庆亲王的批准,引发山西各界人士强烈不满与反对。山西士子上书中写道:"……方张官等来京之际,闻各处百姓多有相聚而议者,谓矿地一质六十年,并民矿稍碍于彼者,必勒买而后已。是以胶旅视我也。我等当舍九死以壮圣代山河之色,不能忍一息以希外洋奴隶之颜,其情可悯,其愚亦可虑也。张官等受二百余年养士之恩,深见愚民之地固结如此,设无一言上达,士风不其扫地乎?因于万不得已之中,筹一犹足自全之策……"张官义形于色的慷慨陈词,至今读来,犹令人胸有澎湃之感。都察院御史裕德将此呈文转奏,亦称"抚臣急于兴利,外洋遂起窥视",清政府于次年将胡聘之解职,使福公司在山西矿业开发被搁置,为后续的抗争争取了时间。光绪三十三年(1907)春天,时任军机章京、吏部候补主事的赵国良,应本省绅商人士所请,呈请农工商部奏准立案,批准成立山西保晋矿务总公司,保矿运动最终得以胜利争回矿权。张官、赵国良二人在保矿运动中发挥了重要作用,谱写了他们人生中辉煌壮丽、值得骄傲的一页。

望重乡里

张官赴京会试,两次上书,获得一定声望,但是没有补实缺的机会,回到家乡成为有名望的重要士绅,主要参与管理教育和公益等事务。光绪二十六年(1900),义和团运动风起

213

云涌,山西巡抚毓贤支持义和团,浑源知州阮志谦请张官参与办团事宜。张官拿出两千两白银,又联合大财主李六等人凑足万两用于办团,编为六个团,第四团为张官团,成员有李六、张式九、张经等。8月,八国联军入侵北京,两宫西狩,西太后下令剿杀义和团,浑源义和团分离四散。阮知州请张官团转而成为官府维护地方治安的武装力量,受到陕甘总督升吉甫巡查浑源时的大力赞许。冬天,数千溃兵滞留浑源,伺机抢掠。张官会同知州先予安抚,以免扰民。侦知其暗中出售枪支以供好吃好喝,张官出资购买枪支数百,作釜底抽薪之计。然后让溃兵首领限期出境,将兵祸消弭于无形。事后,阮知州把枪支送往省城,并呈文上报,山西巡抚岑春煊奏明朝廷,张官因军功获授内阁中书五品衔。

光绪二十八年(1902),清廷施行新政,倡导新学。省级书院变更为大学堂,州府书院为中学堂,大些的私塾为小学堂。浑源知州赖庆云委托张官全面负责新学事宜,恒麓书院变为恒麓学堂。张官人脉广阔,通过时任山西大学堂教习的浑源举人田应璜,聘请晋城名士郭象升来浑掌教,出任总教习,郭象升最终成为浑源中学堂声望最隆的掌门人。张官同时积极延聘名流,创办高小、初小、蒙养、女子等小学堂,成为浑源从"旧学"变"新学"时期的实际组织者和决策人,为浑源的教育进步做出了贡献。

张官深受传统文化陶冶,书法精湛,古文诗词造诣不凡。赵国良是清末民初浑源书法名家,与张官一起参与山西保矿运动的上书，自是惺惺相惜，交谊深厚。1903年，时任军机章京的赵国良父亲赵子青去世，1905年落成的德泽碑至今仍矗立在城南小唐庄路西，俗称"大碑楼"。张官自然大力襄助，碑文由"钦加内阁中书衔屯留县教谕田应璜撰文，……钦加内阁中书衔拣选知县张官书丹"，张、田还各撰、题一副对联，镌刻于碑座东、西石柱上。张官为篆书联，年久风化不易辨认，"顿失老成人……故乡一绝，……当代千秋"，有待行家解读。署名"世愚侄张官敬书"，侄子张甲箴、张甲铭、长子张甲勋都参与了这次活动。碑上亲友名讳，有功名的占到86.6%，可以说浑源当时有名家族、知名人士大部分参加了，堪称士族文人大聚会。田应璜在民国初年是阎锡山早期高级幕僚，浑源第一风云人物，"五台的阎，浑源的田"，"一咸一甜"指的就是阎、田二人。乙亥举人温国珍、乙酉举人王暨和、丁酉举人葛斐然、壬寅举人张凤鸣，还有薛家大院主人三品封职薛贵，附贡栗国信、栗恩育，庠生穆郇等，都是响当当的人物。清朝灭亡后，赵国良不为民国做事，在家乡教书育人，治病救人。1931年，张官为老友资助筹集大洋一千元，并用自己西关街铺面房开设"博仁堂"，赵国良在此坐堂行医。1933年，张官去世，墓志铭由赵国良书丹，可谓一世友情，传为佳话。

剪辫风波

张官身为举人，具有拣选知县、内阁中书衔身份，一直位于浑源士绅前列,受维新宪政、变法图强思潮影响,感到科举取士年代已经成为过去。张家本身就是大财主,拥有大量土地,尽可收地租过活,但是张官抓住时机投身商业活动,开办油坊、钱庄、当铺、药店、货栈等多种产业,获利颇丰。

张官在浑源州城置有院落、铺面,总计三百多间,其中大院四处,如东门外大院兼张官花园(原县医院,现中医院,旧建已毁)、孙家巷大院等。还有西关铺面房,郝家寨村土地三百多亩,龙山山庄一处,西顺北头上下花园大片菜地,俗称"园子行"。笔者是北顺街人,知道上下花园历来是旱涝保收的一等好地,种粮种菜皆宜,而张官、李六是"园主",与菜农形成了长期稳定的雇佣关系,彼此依存,休戚与共。每年新菜上市,菜农上街卖菜,遭受衙役、武营警察拿菜不给钱等等欺压,清末民初都是如此。1912年中华民国建立,颁布剪辫令,"令到之日,限二十日一律剪除净尽"。山西都督阎锡山下令推行,同盟会员、壬寅举人王念祖六月返乡,会同县知事班赞臣强力执行,怀揣大剪刀与警察在大街小巷,见人就剪,引发守旧群众强烈不满。

农历"六月六",木市街河神庙庙会唱大戏,观众大多数是"园子行"的菜农。警察局警察混入观众人群,掏出剪刀抓住辫子就剪,态度蛮横粗暴,引发群众反抗,造成激烈冲突,两名警察身亡。菜农们历数警察要菜、新士绅剪辫种种欺凌行径,博得守旧园主杨老二、杨老三同情支持,人群越聚越多,起名"铁锹会",城内张官、李六也同意共同分担伙食费用。三天后,张文、石大仁等率领菜农进城,扛着铁锹、镢头,口喊"打倒新士绅!打倒新官僚!"等口号,到县衙、武营门前示威游行,并拆毁王念祖宅院,又将所谓培养"新士绅"的浑源中学堂焚毁以泄愤。

事后,阎锡山派兵镇压了"铁锹会",几名首要分子被处死,张文临刑前面不改色,民众都觉得他维护百姓、反抗官府,"舍生取义",是一条好汉,故而有"张文挨刀,骨气"的顺口溜流传。经田应璜特使、同盟会员李书勋与有关人士斡旋,张官、李六等人被罚没部分财产,用于重建浑源中学堂。

民国元年"铁锹会"事件,是浑源近代史规模最大的农民暴动,是新旧思想碰撞、新旧势力激烈冲突的结果,是新、旧官吏欺压农民的积怨爆发,强行剪辫成为导火索,最终导致惨案发生。张官作为守旧士绅,同情菜农,同时看到自己曾经就读、主持改为新学堂的恒麓书院被焚毁,又被罚款盖学堂,想必是几多感慨,别有一番滋味在心头吧。

民国轶事

张官耳闻目睹"甲午之战""义和团运动"及"庚子之变","新学"兴起,科举废止,对子弟的教育也与时俱进,有所变化。长子甲勋,在家协理家务,次子甲龄、三子甲第,进入山西陆军学堂、保定军校学习军事,与荣鸿胪、荣鸿儒兄弟同学同乡、相交莫逆。甲龄、甲第均为民国陆军少将,甲龄民国十九年(1930)退伍回乡,曾在浑源中学任教;甲第一直从军,抗日有功,与八路军王震将军多有交往,解放后长期担任太原市政协特邀委员。

两千多年的封建社会里,"士农工商"的排序,不仅士大夫对商人有根深蒂固的排斥心理,认为无商不奸,"针尖削铁,干骨头刮油",甚至普通民众也有同样心理。张官放下绅士身份经商,接受新鲜事物快,比如经营货栈时,搭配销售一些物美价廉的洋货,洋油、洋火、洋布、肥皂、纸烟等日用品,盈利不少。难免对本地手工业产品有冲击影响,一些民众限于认识的局限性,认为绅士不应与平民争抢蝇头小利,当然也有羡慕嫉妒恨心理的作怪,社会上出现了"张官李六,一对灰兽"的传言。

张官本人一贯克勤克俭,吃用都很简单。常说:吃肉能饱,喝糊糊也能饱;有碗糊糊喝就行了。张官做人本分,不欺压百姓,与园子行菜农平安相处,为"铁锹会"菜农提供伙食就是例证之一。

民国十二年(1923),浑源李峪出土了一批商周青铜器,包括成为上海博物馆镇馆之宝的"牺尊"。1924年,浑源县知事谢恩承成立"浑源彝器处置董事会",成员囊括县里头面人物以及省城太原的浑源籍高官共23人中,自然有知名乡绅张官。

民国二十年(1931),浑源县知事董垚与驻防陆军营长岳济泰想将恒山全景绘制成"北岳全图"石碑,方便游人游览。

召集乡绅张裕昭、麻席珍、张甲勋、张甲龄和于镇华会商此事，其时张官已八十高龄，张氏兄弟已经在家乡有了较高声望。乡绅们群策群力，共同推进，1932年3月，《北岳全图》勒石竣工。正面"北岳全图"四个大字为岳济泰书丹，耿建瀛绘图，左士玉刻石，背面《补绘北岳全图记》由董垚撰文，赵国良书丹，左士金刻字。目前，这通书、画、刻三绝极具文化底蕴的石碑，成为珍贵文物，置于恒山会仙府，作为镇山之宝被保护起来。

清朝末年，张官曾与热心公益的士绅们，组成经理董事会，为恒山主殿贞元殿（恒宗殿）征集楹联。浑源州优廪生薄文蔚撰写的八十字长联中选，优廪生常颖章书丹，悬挂在贞元殿前立柱上。内容为：

统嵩衡泰华以居尊，观其群峰拱极，万壑朝宗。峙贞恒之气象，支持乾轴坤门安敦者，永奠皇图增巩固；

分并冀幽燕而作镇，即此飞石效灵，宝符应瑞。呈方岳之神奇，腾致油云甘雨显赫哉，广敷元化大栽培。

它是迄今为止恒山庙群中最长的楹联，对仗工整，寓意深长，雄浑劲健，大气磅礴，成为恒山正殿的镇殿之宝。

恒山长联与北岳全图，镇殿之宝与镇山之宝，前后交相辉映，为北岳恒山增光添彩。张官父子为促进恒岳文化贡献了力量。

张官生活在封建社会风雨飘摇、民国肇建的动荡不安时代,人生经历丰富复杂,多姿多彩。早年进学,壮岁中举,无缘外放做官,作为知名士绅,在家乡浑源度过不平淡的一生,是浑源近代史绕不过去的人物。

两次公车上书,热心公益,办理民团,保境安民,培养子弟学习军事为国效力,表现了可贵的爱国爱乡情怀。参与恒山长联的遴选,北岳全图的落成,弘扬恒岳文化,留下了宝贵的遗产。

张官交游广阔,长袖善舞。既能与上层人物如吏部主事李廷飏、内务总长田应璜、警备司令荣鸿胪等分庭抗礼,从容论道;又能与普通民众经商逐利,锱铢必较。既能顺应潮流,主持新旧学堂的交替,聘请名流,促进浑源教育进步;又因循守旧,支持菜农对抗剪辫,为此受到罚款重建中学堂的处分。

行文至此,不禁想起清末甲午状元张謇(1853—1926),弃官从商,实业兴国,在江苏南通创办大生纱厂,投资建设学校、医院等公共事业。作为同时代人,"他们既在原有社会结构下有所作为,同时又参与新的社会建构,他们的思考与行动,既受制于历史,又在创造新的历史"。

成败在天,毁誉由人。浑源人民群众创造又广为流传的顺口溜、俗语,历经一个世纪,仍然具有顽强的生命力,老百姓口口相传,津津乐道,诉说着渐行渐远过去了的故事,印证着"人民,只有人民,才是创造世界历史的动力"的真理。

太原警备司令荣鸿胪

吴 宝 华

　　在山西近代史中,阎锡山执掌权柄三十八年,是一位不容轻视的实力派军阀。阎锡山能有如此成就,有两位浑源人居功至伟,一位是议员派代表田应璜,另一位就是太原警备司令荣鸿胪。荣鸿胪一手创立的山西军官学校,为晋绥军培养和输送了数千名军官,被称为"山西的黄埔军校",他因此深受阎氏器重,是阎锡山倚为柱石的军政大员。

军旅生涯

荣鸿胪（1885—1966），字甲三，浑源裴村人，性喜习武练拳，打抱不平，乡人视为西汉游侠郭解。荣家是城西裴村的大姓，其父荣彩藻（1864—1918），字子冕，同治贡生，一生以耕读为业，爱好听戏，善拉胡琴，配顾关村杨氏。荣彩藻育有三子，鸿勋、鸿胪、鸿儒。荣鸿勋，附生；鸿儒（1888—1926），字通三；兄弟三人均受业于沙岭铺村贾老先生门下。光绪二十八年（1902）以后，三晋名士郭象升被聘任浑源中学堂总教习，荣鸿胪兄弟一度成为郭象升的门生。

光绪三十一年（1905），山西陆军小学堂在全省招生，荣鸿胪由浑源州选送，入读第一期，学习期限为三年，同期有张培梅、任秀等人。光绪三十三年（1907）春，陆小招收第二期新生，孙楚、周玳、杨爱源、崔伯岳、荣鸿儒、杨澄源、张甲龄、张甲第等人入学。在陆小学习期间，学生们来自五湖四海，看什么都觉得新鲜，常在一起嬉戏玩闹，这让荣鸿胪不以为然。他叹道："内胡外寇，破碎山河，皮之不存，毛将焉附？公等尚梦梦耶！"从此，他立志为救国读书，毫不在意冬季的寒冷和夏季的炎热。那时，荣鸿胪除了学习开设的课程外，对于从西洋引进的新思潮、新文化的其他书籍，只要一看到就购买、阅读，中西文化的碰撞与交融使他深受启发，由此种下了革命民主的种子。

宣统元年（1909），荣鸿胪等一期陆小生按规定已经毕业，因北京清河陆军第一中学堂房舍尚未建成，故又延长学习一年。此时，阎锡山从日本士官学校毕业回国，充当陆军小学堂教官，阎锡山与荣鸿胪建立了师生之谊。

宣统二年（1910），荣鸿胪等同学被保送至北京清河陆军第一中学堂就读。宣统三年（1911）6月18日，因时局动荡，荣鸿胪、荣鸿儒等同学从陆中第一中学堂肄业，提前结束学业，在保定入伍从军。10月，武昌起义爆发，各地纷纷响应，荣鸿胪在部队里秘密纠合同志，组织"铁血团"准备谋事，结果因消息泄漏引起了清廷的注意，下令调其他军队将这批学生兵集体包围。荣鸿胪兄弟星夜从保定逃回太原，投奔业师阎锡山，赞佐戎机，成为山西光复的积极参与者。荣鸿胪素有大志，一直以未能完成学业为憾。

民国元年（1912）7月，山西都督府通令各陆军中学堂一二期毕业生，统于8月1日到保定国立军官学堂报到，荣鸿胪兄弟果断辞掉差事，进入保定军官学堂（后改称为保定军官学校）第一期的骑兵科。荣鸿胪分在骑兵科一连，其弟荣鸿儒分在骑兵科二连，学制两年。

民国三年（1914），荣鸿胪毕业，被委任为河南开封骑兵旅见习军官，由此奔走于直、鲁、鄂、豫数省间，所率者皆刚毅之士。

民国五年（1916），荣鸿胪等山西籍军官回到山西，在晋军发展，历任排长、连长、督军府副官等职。

民国六年（1917）8月，"护法运动"爆发，形成了南方孙中山势力和北方段祺瑞政府的南北对峙局面。阎锡山审时度势，决定依附北京政府，并应段祺瑞的要求出兵湖南，派第一混成旅旅长商震率部出晋境指挥作战。九月，商震率晋军第一混成旅和一个炮兵营，长途跋涉，远征千里之外的湖南敌军。在一次激烈进行的战斗中，湖南友军脱离战场不予驰援；情况不明的晋军被包围缴械，致使全军覆灭。商震仅带数名亲信逃至汉口的旅馆，在那里观望形势，畏罪不归。

阎锡山听到晋军失利的消息，急派督军府副官荣鸿胪等人赴汉口一带打探究竟，荣鸿胪见到商震后，再三劝说："老总（指阎）说：'兵家胜败，古之常理'，老总叫你们一定要回太原，老总决不怪你。"商震口里说"多谢老总"，但对于动身不置可否。荣鸿胪等了几日，看商震没有回晋的意思，只好先行返回太原，不久被任命为第五团第二营营长。阎锡山在派出荣鸿胪后没几天，恐怕他招不回南征军余部，便又派副官长李德懋等人前往汉口接人。商震看到阎锡山心意极诚，盛情难却，这才同意和李德懋一道回转太原。商震率杨爱源、王嗣昌、周玳等残余军官回到太原后，阎锡山对他们温言抚慰，接风洗尘，果真毫无怨言。事后，太原社会上流传着两句打油诗——大将南征胆气豪，缴枪没有打收条，以嘲笑这次损兵折将的远征。

创办军校

此次南征失利，阎锡山深感晋军战斗力不强，决心训练一批军队下级军官，以提高作战指挥和统驭能力。民国七年（1918）冬季，阎锡山决定筹办"学兵团干部训练队"（简称干训队），为即将成立的学兵团培植基础力量，商震被委任为团长，荣鸿胪任团附兼学兵干部训练队队长，主办其事。干训队共录取学兵三百余人，编为三个队，每队辖四个分队，每个分队设三名队副，全团共三十六名队副，这些队副都是保定学校第五、第六期毕业归来的见习军官，如楚溪春、李生达、王靖国、李服膺、张荫梧等人，他们以后都成为晋军的高级将领。

民国八年（1919）六月，干训队分赴大同、临汾、潞安及太原四地招生，共招高小毕业生一千二百人，按一个团的编制，编成三个营十二个连。干训队圆满完成招生任务后，最初的使命完成，遂正式更名为"学兵团"，团部及第一、二营在东仓巷，第三营在坊山府，荣鸿胪被擢升为学兵团团长。

荣鸿胪曾说："辛亥革命，军学之力也；不彻底，军学之耻也。武装同志过少，欲求彻底得乎？吾长学兵团，吾之愿，吾之幸也！"因此，他将办军校视为重大的事业，将全部精力投入到军校的管理中。为了便宜行事，荣鸿胪保荐与自己交好的原保定军校同学程绍岩、张甲龄来协助办学。程绍岩被委为中校团附，张甲龄被委为少校团附，从此，他们三人共事办理军校达十余年，结为莫逆之交。

学兵团的办学经费系挪用自陆军部备案的步兵第九团，故对外称"步兵第九团"；学兵团讲授中学课程，故报请教育部备案定名为"斌业中学"，对省内则称"学兵团"。学兵团、步兵第九团、斌业中学这三个名称同时使用,是一个"三而一、一而三、既文且武"的混合组织。学兵团第二期时,中校团附程绍岩调任为第一营营长,张甲龄晋升为中校团附,另委孟兴富为少校团附。同期,团内成立汽车教练所,荣鸿胪兼任所长。

民国十一年(1922),阎锡山为了加强训练,认为斌业中学已不适应当时的学校情况,即将斌业中学改称斌业学校,内设专门部和中学部,专门部又分为机械专门与化学专门两部。课程有军事课、术科和普通课,军事课有战术、筑城、地形、兵器等四大教程,术科为重机枪、迫击炮、山炮、野炮之训练,普通课有大代数、微积分、理化、英文、法文、机械、电气等课程。

其时,斌业学校有一个学兵班长叫董其武。当年三月的一天,学校安排学兵们栽树,董其武便带了十个学兵到附近的体育馆,征得馆长同意后在那里挑水。督军府离这个地方很近,一位不讲理的督军府副官因挑水问题与学兵们发生争执,将一位挑水的学兵打破了头,董其武闻讯后,带领其他同学与那个副官论理,话不投机,将那个副官狠揍了一顿。事后,督军府的人找到学校,要求校方严罚打人学生,校长荣鸿胪将董其武关了一个星期禁闭,并要召开全校大会再打100戒尺。董其武抗辩道:"我不服,不接受。"荣鸿胪说:"你不接受,开除你!"董其武从此脱离学校,自寻从军之路。后来,当年那个血气方刚的学兵董其武,官至绥远省主席兼全省保安司令部司令,在新中国成立前夕率部起义,成为解放军高级将领。

民国十三年(1924)九月,第二次直奉战争爆发。阎锡山秘密与倒戈反直的冯玉祥部结为同盟,共同拥戴段祺瑞出山,并派晋军出兵石家庄阻止直系援军北上,致使吴佩孚率领的直系主力孤立无援,被奉系军队打得大败。战争结束后,晋军将领论功行赏,荣鸿胪被提升为第九旅旅长兼第十七团(即学兵团)团长,学兵团的多数学员分赴各部队担任下级军官。

民国十五年(1926)夏,阎锡山同奉、直系联合对抗冯玉祥所辖的国民军,史称"倒冯"战役。面对复杂的战争形势,阎锡山积极扩军备战;荣鸿胪除仍领前述职务外,还被任命为太原卫戍司令、太原城防司令以及第六路司令。阎锡山深恐兵力不足,又成立了一个由荣鸿胪任旅长的补充旅。

晋北一带是晋军和国民军的主战场,战况非常激烈,荣鸿胪的家乡浑源正处于交战区内,荣家在浑源的财产被国民军乘乱洗劫一空。荣鸿儒时任晋军第三混成旅第六团上校团长,驻守在左云城内,因战殉职。十月,国民军在晋、奉、直三方联合攻击下,被迫败走绥远以西的五原一带。晋方在这次战争中获利颇丰,晋军因占领了绥远地区,从此被称为"晋绥军"。

在太原,参与作战的晋军将领们论功行赏,各旅、团长等均升任师、旅长等职,唯独补充旅军官毫无变动,这让荣鸿胪十分不快。一日,阎锡山召荣鸿胪至其私寓说:"我想让你专心办军事教育,为咱们培养一批军事干部。至于补充旅,看那两个团长,懦弱胆小,如何能带兵打仗? 我意将其遣散,充实各部缺额。"荣鸿胪想到浑源家中财产被国民军劫掠一空,胞弟在战斗中阵亡,还要将自己所辖的补充旅遣散,真是欺人太甚。旧恨新怨,集于一身,荣鸿胪昂然答道:"与其遣散,何若整营拨交他部? 至于两个团长不堪胜任,也不能以貌取人;况魏树鸿系商震介绍给督军的,督军让他来我部任职。既然如此,我也无能,请督军另请高明!"说罢作一长揖,径自扬长离去。次日,荣鸿胪即备文呈辞去本兼各职。

阎锡山着赵戴文探望挽留,并接连三次退拒呈辞,荣鸿胪怒气渐消,这才不再提辞职之事。数日后,阎锡山将学兵团更名为山西军官学校并自任校长,委任荣鸿胪为校监。阎锡山再次召见荣鸿胪,安慰道:"你那脾气还未改,和我闹了多大别扭,我对你还能有别的用意吗? 现在我当校长,你当校监,你意下如何?"其时,荣鸿胪身兼七职,其中有第六路司令、太原卫戍司令、太原城防司令、第九旅旅长、第十七团团长等职,可谓兵权显赫,因此对校监一职并不在意。他忙,阎锡山比他更忙。又过了数日,阎锡山因事情太多,又召荣鸿胪让他来干校长,并于次日正式委任。

荣鸿胪任校长后,马上开始着手整编。他保荐程绍岩为军官学校教育长;曹鉴清为步兵科科长;张甲龄为骑兵科科长;樊殿杰为炮兵科科长;周承锟为工兵科科长。"科"下面设

"队",初始编步兵科两个队,骑兵科、炮兵科、工兵科各一个队,专授军事学术科,规定学员两年毕业,毕业后充任部队下级军官。

民国十六年(1927)六月,阎锡山在北伐战争中与蒋介石结盟。南方北伐军进占武汉后,山西军官学校改称为北方军官学校,荣鸿胪仍任校长。民国十七年(1928)春夏间,晋军将奉系势力逐出关外,阎锡山就任平津卫戍总司令,控制了晋、冀、察、绥四省和北平、天津两市,代替了奉系张作霖的统治。十月,荣鸿胪兼任太原戒严司令部司令,后随部进驻河北,兼任保定警备司令部司令等职。此外,荣鸿胪和程绍岩、张甲龄还被邀任黄埔军校教官。

民国十九年(1930)四月,阎锡山联合冯玉祥、李宗仁共同"倒蒋","中原大战"爆发。五个月后,张学良率东北军入关调停,"倒蒋"联盟瞬间瓦解,阎锡山被迫下野。阎锡山退居老家五台县河边村,荣鸿胪亲赴河边村见阎,询问北方军校如何处理,阎告以"暂行停办"。荣回太原后即办理结束手续,将北方军校第三期毕业生分发各部队任用,学校至此停办。

学兵团自1919创办至1930年冬季北方军官学校第三期学生毕业时止,前后经过12年的办校历史,荣鸿胪均为校长。在12年中,荣一手培养出6000余名晋军将领,有不少毕业生在日后升任为晋绥军的高级将领,如于镇河、刘召棠、马良等师、旅长,为晋绥军的发展、扩张起了至关重要的作用。后人称:"凡出君门墙者,战功固著,义烈尤彰,其视死如归之精神,皆君陶冶成之也。"实不是过誉之言。

警备司令

中原大战后,阎锡山通电下野退居河边村,标志着他问鼎中央权位企图的破灭。不久,山西方面应南京政府要求,派荣鸿胪、吕咸、黄胪初为代表,先赴郑州会晤贺国光参谋长,后赴南京晋谒蒋介石、何应钦等大员,斡旋山西善后问题。然后,南京方面一面坚持"百公不出洋,无以善其后",一面派飞机两次轰炸太原,以武力威胁逼迫阎锡山。阎迫于压力,只好带随从数人从河边村由大同赴天津,转至大连避难。

阎锡山离开山西后,国民政府与晋方就晋军编遣问题进行了一系列磋商,在张学良的主导下,至民国二十年(1931)二月十三日达成协定。晋军原十八个军,除保留商震、徐永昌、杨爱源、傅作义四个军外,孙楚部编成护路军,其体制与各军同。另外,警备军为三个团,以荣鸿胪为警备司令;李服膺部缩编为一个师,归徐永昌节制;骑兵缩编为三个旅,以赵承绶为司令。

在山西善后问题上,荣鸿胪作为晋方首席代表,发挥了重要作用。在此期间,他获得两项任命,一是在民国二十年一月十六日被委任为国民政府军事参议院参议,一是在三月被国民政府军事委员会北平分会委任为山西省警备司令部司令,可谓是晋方高级将领中的中流砥柱。

民国十九年(1930)以后,荣鸿胪一直担任太原警备司令。"九一八事变"后,一致对外、抗日救亡的呼声日益高涨,以蒋介石为首的南京政府不得不捐弃前嫌,于民国二十一年(1932)二月任命阎锡山为太原绥靖主任,荣鸿胪兼任太原绥靖公署参议。

民国二十四年(1935),国民政府实行新的授衔制度,四月二日阎锡山被授予陆军一级上将。次年一月二十三日,荣鸿胪被授予陆军中将,七月被授予国民革命军誓师十周年纪念勋章。

民国二十六年(1937),"七七事变"爆发,山西成为日军率先侵略的前沿省份。山西被划为第二战区,阎锡山任第二战区司令长官,指挥了忻口会战,给日军以重创。

在太原,阎锡山为了应对日机的突袭,委派太原警备司令荣鸿胪兼任太原防空司令,进行防空军事部署。荣鸿胪获任后,与傅作义(时任太原城防司令)相偕举行了规模盛大的太原防空演习,在演习前向士兵们训话,申明演习的重要意义。

忻口会战失败后,太原无险可守,面对日军的合围,晋绥军大部和山西省军政机关被迫提前南撤。11月,傅作义率第三十五军残部及第十三军余部防守太原,在东路、北路两股日军的强势进攻下,力不能支,被迫突围,太原沦陷。随后,阎锡山以作战不力的名义,将荣鸿胪免去本兼各职,荣鸿胪由此失势,退出了民国政治舞台。

抗战期间,荣鸿胪流亡在山西上党一带三年。民国二十七年（1938），荣鸿胪避难于晋城，与在家乡避难的老师郭象升多有往来。不久，郭象升的行踪为日军侦知，俘获至北京，欲委以教育署长的伪职，郭力辞不受。晋城一带尚有陕军五二九旅（原杨虎城的西北军所部）在敌后抗日，得到荣鸿胪与郭象升有通日之嫌的报告，遂将荣劫持，并缴械搜家。荣怒不可遏，大呼曰："我乃堂堂军人，炎黄子孙，岂能通敌求荣？尔等以莫须有罪名加我，咎由自取！"后来，北京方面传回消息，郭象升不受胁迫，拒不为日伪政府做事。荣鸿胪始得洗清冤屈，陕军将其释放送回，反假说是为了保护他的人身安全。民国三十年（1941），荣鸿胪迁移西安，抗战胜利后闲居北京。民国三十八年（1949），太原解放后，荣鸿胪携全家回到山西。

佚事拾遗

荣鸿胪从民国肇建便投身行伍，为阎锡山所倚重。在"七七事变"前，阎锡山召开各种军政会议，商议重大决策，荣鸿胪都是不可或缺的主要参与者。他长期负责太原的卫戍警备工作，有逮捕、审讯等特权，直接对阎本人负责，是省垣安全的保障者和刑侦命令的指挥者，权力很大。无论是阎锡山决定清除异己，还是决定搜捕共产党员，荣鸿胪都会无条件地执行。

民国二十年（1931），太原爆发了"一二·一八惨案"，游行请愿的学生被山西省国民党党部开枪打死一人、打伤数人。

在河边村的阎锡山趁机命令警备司令荣鸿胪将省党部人员扣押，随后山西省主席徐永昌奉南京政府的指示将这批人员移送郑州审判，郑州地方法院将扣押的人员经宣判无罪释放。不过，阎复出后，借着这次学生运动将省党部查封，将各县的党部悉数关闭，达到了把国民党驱除出山西的目的。民国二十四年（1935）九月，阎锡山成立"防共委员会议"，荣鸿胪为九大委员之一，采取了一系列的"防共"措施，稳固了阎锡山的反动统治。

荣鸿胪性格耿介，豪爽自负，说话斩钉截铁，很多事情久拖不决，往往得一言而定之，奔门求助者络绎不绝。

民国年间，荣鸿胪筹办建立了浑源旅晋同乡会，他亲任正会长，李书勋、赵瑄任副会长，做了不少造福乡梓的事情。二十世纪二十年代，荣鸿胪鉴于浑源同乡在省城办事不便，与在并浑籍官员田应璜、栗迺敬等人商议，筹备创办浑源会馆。

荣鸿胪通过各种渠道向浑籍商人发出募集号召后，省内外的浑籍商人争相集资，浑源会馆很快建成，成为浑源人驻省城办事处和浑源同乡议事、交流、住宿的场所。浑源会馆位于太原市精营西边街，议事堂平面呈八角形，建筑古朴典雅，是太原市具有历史价值的文物保护建筑。在交通不便、信息闭塞的民国时期，为浑源同乡在省城的活动提供极大便利，增强了同乡间的友谊和凝聚力，同时也是浑源商贾兴盛的重要标志。

荣鸿胪还参与主导过浑源彝器（青铜器）的拍卖活动。民国十二年（1923），浑源李峪村一批青铜器出土，浑源县政府收回十九宗青铜器。县知事和县绅们会商,决定将这批青铜器拍卖,将所得款项用于浑源的教育和农业,为此,专门成立了一个"浑源彝器处置董事会",里面囊括了浑源县的头面人物以及在并(太原)的浑源籍高官共二十三人,里面就有旅晋浑源同乡会正会长荣鸿胪。浑源彝器经历了长达近十年的数次买卖,在荣鸿胪强有力的坚持下,坚决不卖给法国商人,精心挑选国内收藏家,最终售出一个较为理想的价位,售款全部归入县库以造福乡梓。

　　荣鸿胪久居要职,成为在并浑源籍的领袖人物自不必说,他在省城其他方面同样拥有强大的影响力。民国七年(1918),古琴名家孙森创办元音琴社,荣鸿胪等军政要员给予了强有力的支持,使得琴社一经创办,便蜚声三晋。荣鸿胪在太原的寓所设在北门街二道巷一号,由于他一向喜欢赏花、养鱼、品茶等清兴雅趣,便于民国十六年(1927)在晋祠仙翁阁东北买地17亩,修筑了一个私人花园,名曰"陶然村",又称"荣家花园"。陶然村是他与山西军政大员们的宴聚之所,也是一些特殊政客的软禁之地。民国二十三年(1934),盗掘慈禧陵墓的军阀孙殿英兵败下野,滞留太原。在阎锡山授意下,荣鸿胪将孙殿英软禁在晋祠陶然村中,直至抗战前夕才将其礼送放出。现在,荣家花园与周家花园、陈家花园合并为晋祠公园,陶然村被太原市文物局作为办公场所,额匾依旧保留至今。民国十八年(1929),私立山右大学和兴贤大学董事会通过决议,将两所大学合并,成立并州大学,校址设在太原万寿宫。荣鸿胪身为大学董事会副董事长，他与赵戴文、杨兆泰、孔祥熙等董事同仁一起，为并州大学筹募基金、主持校务、呈请立案等方面出了大力，为教育的发展作出了贡献。

民国二十一年（1932）前后，太原各学校学潮运动此起彼伏，好多学生因思想激进而被捕入狱，山西省立教育学院就常有学生被抓。那时，教育学院院长是著名文豪郭象升，郭象升曾任浑源中学堂总教习，当过荣鸿胪的先生，因此每有教育学院的学生被捕到警备部，郭象升照例派人向警备司令荣鸿胪争取保释，荣氏无有不准。荣鸿胪尊师重教，郭象升爱护学生，他们通过私人关系不知保护了多少进步青年，这也表现了荣氏重情重义的一面。

新中国成立后，荣鸿胪作为统战对象被任命为山西省第一、二、三届政协委员，1955年被增选为山西省政府参事室参事，曾受邀出席天安门国庆观礼。在参事室期间，荣鸿胪与李志舆合作写过《太原解放前山西历届军事学校概况》的文史材料。

1966年"文化大革命"运动爆发。9月的一天，大雨倾盆，造反派将荣鸿胪拉出去揪斗，荣鸿胪年老体弱，抵抗力差，回家后就感冒发烧，一病不起。数日后，这位81岁的老人黯然离世。1981年，山西省政府为其开追悼会，平反昭雪，骨灰安放于烈士陵园。原配蔺氏，继配白氏、张氏、王氏，育有二子四女，长子嗣毅、次子嗣哲，女名不具。

总之，荣鸿胪前半生声名显赫，后半生超然远引，人生遭遇跌宕起伏，充满着一种悲剧式的英雄主义色彩。

大同军事指挥官于镇河

吴 宝 华

　　解放战争,波澜壮阔,中原逐鹿,谁主沉浮。1949年,防守北京的华北"剿总"司令傅作义选择了起义,二百万北京市民的生命和财产免遭兵燹,成为保护北京古城的和平功臣。同期,防守大同的军事指挥官于镇河也选择了起义,有着华严寺、善化寺等千年名刹的古城才得以保全。于镇河成为和平解放大同的功臣。历史,将永远铭记他们的不朽功勋。

投身军伍

于镇河(1898—1985),字疏九,浑源贾庄人。浑源贾庄村,于姓是大户。于镇河的父亲叫于建章,清末秀才,民国初期入山西育才馆读书,后回乡作私塾先生。于镇河兄弟五人,他排行第四,与五弟是双胞胎,家口大而致生计艰难,于镇河从小就被送到同村族人家中哺育。1913年,就读于邻村宝峰寺小学,受教于宝峰寨村秀才孟安邦门下;1915年,考入县城浑源中学二班,读了两年初中(学制三年)。1918年,中学尚未毕业,便离家出走,到太原考入同乡荣鸿胪创办的学兵团步兵科,从此开始了戎马生涯。

于镇河性格刚毅,不怕吃苦,四年毕业后就留在了学兵团,先后任班长、排长。1926年开始随军,历任连长、营长、团长、旅长。1927年,晋军响应国民革命军的第一次北伐,于镇河旅被派驻平汉线,牵制对奉军的作战,同年11月25日任察哈尔省多伦县警备司令。1930年中原大战时期,阎锡山、冯玉祥通电倒蒋,晋军扩编,于镇河升任第八军第二十四师师长,驻察哈尔省张家口市,曾率部于兰封对蒋军作战。张学良率东北军入关,通电拥蒋,改变了军事力量的对比,中原大战以阎、冯等倒蒋派的失败告终,阎锡山下野避居大连,于镇河被缩编下来进入军官教导团,改任山西整军会督练员。

"九一八事变"后,一致对外、抗日救亡的呼声日益高涨,阎锡山得以回任山西继续掌权,于镇河也再次被起用,于1933年出任军官教导团屯垦队第四大队长。1936年8月26日,于镇河被国民政府授予陆军少将。

抗战时期

1937年7月,"卢沟桥事变"爆发,日本大举侵华,在极短时间内占领了平津地区之后,意欲西进、南下,夺取山西遂成为战略要点。南京国民政府将全国划分为五个战区,开启了第二次国共合作的统一战线,阎锡山出任第二战区司令长官。10月,日军第五师团沿同蒲线南下,在忻口地区与中国守军展开大战,日军第二十师团侵入石家庄附近沿正太线西进,同期在娘子关地区展开激战。

10月2日,第六十一军(军长陈长捷)新编独立第四旅旅长于镇河率所部刚由平型关的团城口方面撤出前线,就接到参加忻口会战的命令,于是率所属两个团向定襄县南兰台村西进,8日进驻南兰台村。该旅浴血奋战,顽强攻防,全旅3900多人,虽伤亡官兵3000多人,但残存官兵仍像尖刀一样始终挺立在最激烈的前沿阵地。忻口战场前线总指挥郝梦龄军长在阵亡前,通令全线,表扬于镇河旅"有进无退"之精神。10月30日,娘子关守军被日军击溃,由东面直接威胁到太原安全,太原北面的忻口就失去屏障的战略作用。阎锡山命令忻口守军全部撤退,于镇河率不足千人的第四旅残部撤回至太原防守。11月6日,于镇河旅奉令进驻襄陵县东材村一带,原新编独立第四旅番号撤销,改成六十一军二〇八旅,仍任旅长。

1938年3月间,于镇河旅和梁春溥旅奉陈长捷军长命令,收复晋西隰县、吉县、乡宁县、蒲县,击溃了这些地方的日军后,于镇河旅随后开回吉县整训。于镇河调至山西军事干部学校任副校长兼暂编第一师师长。

当时,日军占领了山西大部分地区,阎锡山的部队陆续退缩到吕梁山上的七个县中。1940年7月,于镇河升任第三十三军军长,1943年,国民党军进行部分整编,第三十三军改隶赵承绶第七集团军,于镇河仍任军长。

1945年抗战胜利后,晋军快速向南挺进接受各地防务。1945年10月,于镇河升任第七集团军副总司令兼第十九军副军长,调驻太原。1946年,于镇河任第七集团军副总司令兼任第十九军军长、孝义地区军事指挥官,驻防孝义。晋军缩编后,于镇河任第十八集团军副总司令(后改兵团副司令)兼第十九军军长、山西关南总指挥。1948年9月22日,于镇河被国民政府授予陆军中将。

大同起义

1947年10月,于镇河在第十八集团军副司令兼第十九军军长(1948年免去军长)任内,被阎锡山派去担任大同军事指挥官。于镇河除了直属于阎锡山的领导,名义上还受北平行辕主任李宗仁和华北"剿总"司令傅作义的指挥。

于镇河的家乡浑源县在1945年日本投降后就成为解放区。1947年底,于镇河母亲在贾庄村去世,时值土改运动在各村展开,于镇河宅院就被土改工作队作为村公所,于母的棺椁被村里于氏远亲封存于村边堡墙的大洞内,用泥巴抹严,起到暂时保护作用。贾庄村那些被批斗的地富分子逃亡到大同,向于镇河哭诉说于母的棺材被毁,富户们的土地、财产都被没收,请于镇河回村"主持正义""报仇雪恨",并提供了一个村干部和土改积极分子的名单。于镇河性格耿直、疾恶如仇,对孝道最为看重,他对这些"情报"信以为真,觉得不报此仇是对母亲最大的不孝,遂决定派兵回村实施报复,血洗贾庄村,以慰母亲的灵魂。

1948年1月,于镇河亲率大同教导总队一部,从大同出发前往浑源;原乔日成手下张璞率晋军"新编第一团"由应县前往浑源,对贾庄村进行了合围。乔军部队先进的村子,按名单分为两批捕杀了二十五人,在捕杀第三批十二人时,于镇河率队进了村子,此时他已看到其母的棺椁安然无恙,翻身下马道:"迟回一步,出了这么大的乱子!"让把第三批人解绑放了,大声说:"乡亲们,对不起! 我早回一步,一个人也死不了!"随后在众人的簇拥下离开,回归出发地。

1948年8月,阎锡山认为大同已很难守住,因为四周都成为解放区,命令于镇河率部徒步返回太原。于镇河不愿意就此离开,便以"怀仁、山阴等地,住有解放军两个旅,企图不明。我若撤逃,势必受到截击,难以行动""部队士兵,大都是雁北地区的人,乡土观念浓厚。一旦离开,必然发生逃跑,不经战斗就有瓦解的危险"为理由,没有执行这条命令。

从1948年夏天起,大同孤军已经处于解放军四面包围之中,欲进不得,欲退不能。12月中旬,国防部参谋总长顾祝同来电,让于镇河放弃大同,率部向绥远撤去,由绥远省主席董其武接应。于镇河不愿意"反主为宾",又一次拒绝弃守大同的命令。

1949年1月,北平和平解放。于镇河认为绥远、大同都在傅作义指挥之下,因此给傅的参谋长李世杰发电,请示行止,答复是:"北平和解,不包括大同、绥远在内。"阎锡山则要求固守大同,于镇河因此犹豫不决。此后一个时期,好几拨人员被派来劝于镇河起义,其中就有于镇河儿子于润沧,拿着华北财政部长戎子和的亲笔信,希望父亲早下决定起义,可以保护他的人身安全,也可使大同军民免遭无谓的牺牲。于镇河动摇不定,内心深处有"三怕一顾虑":一怕是他和解放军作战多次,积怨很深,怕共产党不饶他;二怕是他在家乡贾庄,残害了斗争他家、挖掘他母亲坟墓的一些人,地方群众要他偿还血债;三怕是大同机关单位多,情况复杂,不到时机,怕部队不听他的指挥,不能统一行动,也担心有人会以投敌变节的名义来谋害他,对他不利;顾虑是他当阎锡山高官多年,阎把他提拔到这样高的地位,他若保全性命,不战而降,恐为阎系将领们所不齿,不愿遭此物议。

但是,随着局势的演变,加上许许多多的人士为了大同和平解放奔走折冲,特别是于润沧向其父进行策反活动,加剧了于镇河思想的进一步转变。4月24日,解放军攻克太原,这个消息促使于镇河最后下定决心。4月26日,他召开干部会议,宣布放下武器、和平解放大同的决定。此后几天,经过与解放军领导人的见面会谈,确定了起义的时间。4月29日,于镇河正式下达命令,率领近二万余人的部队起义投诚,都先交出枪支,然后由解放军改编带走。

5月1日,解放军正式进城,大同古城得以和平解放。

晚年岁月

大同和平解放后,于镇河按有关方面的要求,被送到察哈尔省会张家口市,实际上在军管区被保护起来。在那里,他学习了三个月后,根据个人意愿,回到北京家中与亲人团聚。

于镇河在国民党军队时,对日军作战勇猛,也曾给共产党军队以重创,但他的个人操守一向令人称道。于镇河出身农民家庭,他一直保持农民的俭朴本色,不贪污、不腐化,本分做人、爱兵如子,因此受到部下拥戴,私德比较高尚。他曾这样评价自己:"阎锡山跑了,太原解放了,大同理应和平解放。我个人怎么样无所谓,但我对得起大同的老百姓,也对得起他阎锡山。"

在北京家中,于镇河被安排参加街道工作,认真负责,积极肯干,曾获北京市政府颁发的"卫生工作奖状"。1952年,山西省政府组织"山西人民福利事业捐献活动",他带头捐献了在太原市的两处院落。

1957年6月,于镇河被安排到山西省政府参事室任参事,其后在太原加入了山西民革,撰写了《新独四旅平型关抗战经过》《独立第四旅参加忻口战役的经过》《收复隰县、吉县、乡宁和蒲县的经过》《大同和平解放的经过》等史料。

"文革"时期,山西省政府为了避免造反派对参事室参事的冲击,将于镇河等人安排到晋南临猗县居住。1977年底,于镇河突发胃出血,经抢救康复,被亲人接回北京家中。

1985年,在大同和平解放三十六周年之际,于镇河突然收到太原市政府寄来的"001号投诚证"。此前一直说的是"起义",现在却变成了"投诚",这让于镇河的心情异常郁闷,使得这位患有高血压的病人突发脑溢血,没能抢救过来,享年八十七岁。按照有关规定,山西省参事室到京为于镇河主持了追悼会,财政部原部长戎子和参加了追悼会,其骨灰安放在八宝山革命公墓西内0394号。

抗日名将石作衡

吴　宝　华

　　抗日战争时期,国共两党建起统一战线,共同抵御外侮入侵。浑源大地涌现出许许多多保家卫国的英雄豪杰,其中直接牺牲在对日战争中职务最高的将军就是少将师长石作衡。勇士与山河同在,英雄与日月同辉。无论时代如何发展,都要有舍生忘死、向死而生的血性与风骨,正是万万千千的英烈志士,用他们用生命和鲜血,换来了今天的和平。

投身行伍屡立战功

石作衡（1905.12—1941.9），字子玉，浑源县泉头村人。自幼勤奋好学，为人正直。1921年高小毕业后考入山西太原学兵团第二期，后进入北方军官学校。在学习期间，他怀着富国强兵、救国救民的爱国主义愿望，刻苦钻研军事学术。

毕业后，初任晋军第九师第十五旅司务长、特务连中尉排长。1927年底，阎锡山响应南方北伐军，讨伐奉系军阀张作霖。石作衡所部加入了北伐军的战斗行列，在蔚县西河营及繁峙县分水岭诸战役中作战勇敢，屡挫敌锋。不久，石作衡升任第三十六旅第四三三团连长。1928年，晋军进入平、津地区，石作衡改任本旅第三十八团八连连长。

1933年1月，日军南下进犯热河，进攻我长城一线军队，国民党军奋起反抗，开始了著名的长城抗战。石作衡所部奉令出师古北口。因抗击日寇有功，石作衡晋升为第二十七旅第四三三团一营营长。1934年夏，石作衡被派往南京中央军校进修学习。

忻口会战身负重伤

1937年夏，"七七事变"爆发，日军迅速向晋北挺进。阎锡山先后组织了大同保卫战、平型关战役、忻口会战，石作衡营全部参加了这些战役,他每战必身先士卒,奋勇杀敌。

山西境内地势雄固,易守难攻,是华北的天然堡垒,自此东进可以控制河北,南下可以逐鹿中原。日军调集主力沿平绥线推进,向据守神池、雁门关内长城一线的中国守军发起猛攻。当时,中国军队奉命于山西各地纵深疏散配置,多线设防,节节阻击,以迟滞、消耗日军。中国守军前敌总指挥汤恩伯率第七集团军防守察哈尔南口阵地,在日军飞机大炮的猛攻下,疲于防守,形势万分危急。石作衡奉命率部从右翼侧击日军,以解燃眉之急。与敌鏖战数日,怎奈日军炮火猛烈,石作衡部阵地终被日寇突破。8月15日,日军突入内长城一线。南口陷落后,石作衡所在部队退入平型关内休整补充,被编为第一预备军,作为机动部队,策应各方友军。

9月24日,日军第五师团主力进攻平型关。石作衡率部在团城口正面出击,与日军遭遇于关隘内。石作衡所在部队乘"敌受地形限制:不能发挥火力优势"之时机,与之肉搏近战,多次打退日军进攻,部队坚守平型关阵地十日,令日军主力第二十一旅团寸步不前。10月,雁门关一线被日军突破。石作衡部只好撤至忻口一带设防。

忻口左托五台,右倚云中,是太原北面的屏障。10月13日,日军5万余人直扑忻口,在飞机、大炮等猛烈火力的掩护下,以坦克为先导,采取中央突破的战法,拼命进攻中国守军的中央阵地——南怀化高地。石作衡率全营士兵,在团长王鸿甫的带领下,冒着枪林弹雨顽强抵抗,与日军反复争夺南怀化东北高地,所部将士大多阵亡,石作衡亦身受重伤。此战也给日军造成重大伤亡,极大地打击了日军的嚣张气焰。

1937年冬,石作衡伤愈归队,因战功调任第二〇九旅上校参谋长,协助旅长王鸿蒲攻克蒲县、隰县各县。1938年秋,又调任独立第八旅参谋长,率部驻防汾东地区,并在浮山一带积极整训部队。是年冬,临汾日军倾巢出动,向中国军队发起进攻。石作衡率部进驻洪洞、赵城、临汾之间,袭击日军之侧背,并迫敌撤退。1939年春,日军再次进犯浮山韩村。石作衡侦知敌情后预设伏兵,消灭日军数百人。之后不久,独立第八旅旅长田树梅因病离职,石作衡奉命任代理旅长,驻守高平、马游、社寨一带,率部由浮山至洪洞、赵城、临汾间袭击临汾来犯之日军,迫敌败退。石作衡率部屡挫强敌,战功累累,威名远扬,成为令日寇胆寒的名将。

1940年8月,独立第八旅因与日军频繁作战,损伤过大,被调往河南休整补充。同年秋,阎锡山整编部队,以独立第八旅和第二一七旅合编为第七十师,先任赵世铃为师长,既而赵世铃转任第四十三军军长,石作衡升任为第七十师少将师长,驻防垣曲县天盘山、望仙村一带。

中条山英勇牺牲

1941年春,日军一个联队及伪警备队千余人向垣曲和绛县之间的横岭关发起攻击,并攻陷了该地区。第四十三军派暂编四十六师夺回横岭关阵地,同时命令石作衡师在东西桑池、跑马池设置第二道防线,阻止日军继续推进。

当时,日军占据着大部分城镇,四郊除了八路军外,还驻有第一战区司令长官卫立煌部所属之刘戡、高桂滋、刘茂恩、孙殿英,庞炳勋等部,以及第二战区所属之第四十三军的三个师(第七十师、暂编第四十六师、暂编第四十七师)、第一九六旅的第二团。第四十三军的三个师驻在垣曲行署附近一带。

5月,日军为解除我军对其后方运输线的威胁,在陆、空优势火力配合下,日本华北派遣军司令部调集六个师团、两个独立混成旅团及伪军一部,共计十余万人,并配以第三飞行集团协同,对驻守黄河北岸中条山地区中国军队实施疯狂的"扫荡"与围剿,发起中条山战役(又称"中条山会战")。5月7日,日军第四十一师团主力及独立第九旅团大部共计三万余人,采取中央突破的战法,猛攻横岭关方向的第四十三军阵地。石作衡所率的第七十师亦在垣曲天盘山、望仙庄阵地坚守,与日军激战,予敌重创。激战至次日凌晨二时,日军突破第四十三军正面阵地,向刘庄、同善方向深入,石作衡师退路被日军截断,形势万分危急。为缓解不利局面,石作衡奉军长赵世铃命令率部向阳城方向撤退,先退入东西哄哄山一带的山林,再寻机突围。这次大"扫荡",日军不仅使用了飞机和大炮,而且由空降兵直接入侵占据了垣曲县城,因而国民党军队损失很大。第一战区部队大都退出中条山战场,渡过黄河到达南岸,以垣曲为驻地的第三行署也撤到黄河以南的渑池县。

七、八月间,第四十三军从阳城县东西哄哄山上下来,经沁水县撤至绛县,石作衡师驻扎在丁家洼,开展瓦解敌伪势力的工作。日军两千余人跟踪追击,大举进犯丁家洼、高家岭一带驻军,在空袭后继以炮火猛攻,掩护步兵冲击。9月3日,日军以重兵对丁家洼发起攻击。9月4日,石作衡师的大部队经东沟凹,翻茅连沟向东(小峪子)撤退,先头部队至茅连沟东坡时,遭到迎面而来的日军阻击,遂退回茅连沟,转向南面撤退,又被么里峪方向和小神殿方向的日军压来,腹背受敌,形势危殆,全师将士们被压在仅有三平方公里的茅连沟里。

此时,石作衡指挥部队主力经东沟凹,翻茅连沟向东撤退,先头部队行至茅连沟东坡时,遭遇日军阻击。

9月5日,适逢日军大举进犯绛县东北的富家岭,七十师三旅旅长张钰桦殉国,石作衡闻讯后悲愤痛哭。石作衡师调集全师八十余挺机枪组成机枪群,给予日军重挫。经过两天一夜的苦战,石作衡亲率第二〇九团于6日晨8时率部向南反攻突围,行至东沟凹前,又与日军增援部队遭遇,腹背受敌,形势危急。石作衡临危不惧,沉着指挥,与敌军展开了激烈的肉搏战。在激战中,石作衡不幸中弹,左腿炸断,左胸肋骨炸断,肠流腹外,血流遍身。临终之际,石作衡将军留下遗言,叮嘱部下石伯英:"切盼诸位军士协同一致,亲爱团结,以铁血保卫祖国,完成复兴大业,吾死亦无憾矣!"说罢,饮恨殉国,终年三十六岁。

此战结束后,为了纪念石作衡烈士,丁家洼村曾改名为子玉村。为表彰石作衡将军抗日报国的英勇事迹,第二战区长官司令阎锡山亲自在吉县克难坡召开了追悼会,宣布石作衡为烈士。1943年国民政府下褒奖令,令入忠烈祠,并按规定供给石作衡的遗孀、儿子和副官三人的生活费用。

1945年,国民政府追赠石作衡为陆军中将。1986年,山西人民政府亦批准石作衡为革命烈士。

将军后事

石作衡将军牺牲后,遗体由部下从丁家洼翻越山沟抬到花崖山,当地村民用最好的棺木将烈士装殓,存放于山崖的窑洞中。因日军已完全占领该地区,遗体只能留在当地,后来随着岁月流逝,洪水冲刷,山崖早已坍塌,原貌已不复存在。

1997年4月,石作衡后人石兴华由浑源前去寻找将军遗骸。在绛县人民政府和当地村民的大力协助下,终于寻找到将军忠骸,安葬在太原市双塔革命烈士陵园。

石作衡是国共两党共同承认的革命烈士,烈士的英名将永留人间,烈士的爱国主义精神将永远激励着每一个国人!

布衣院士于润沧

刘 继 胜

　　塞北浑源,人杰地灵,英才辈出,灿若星辰。新中国成立以来,浑源大地上孕育出一位成就斐然的知名矿山工程专家,他满怀报国热忱,将一生年华奉献给我国的有色金属采矿工程事业,那就是中国工程院院士——于润沧先生。

战争岁月　奠定基石

　　1930年3月20日,于润沧出生于察哈尔省张家口市。其父于镇河军旅出身,浑源县贾庄村人,阎锡山麾下的高级军事将领、国民党陆军中将,常年在外带兵征战,他的妻子儿女也随同转战于华北各地,1930年携家眷率部驻防于张家口市。其时,正值中原大战之际,于镇河因阎锡山扩军而升为师长,因此给刚出生的儿子取名为"荣生"。1935年驻防隰县时,县长给"荣生"批八字,称其五行缺水,便改名为"润沧"。

1937年"七七事变"爆发,山西成了抗战的主战场。抗战初期,于镇河率部投身于抗日烽火的前线战场。家眷就由于润沧的三舅王寅瑞带着一路南下逃难,从太原、风陵渡、潼关、郑州、汉口、长沙、重庆,颠沛流离,直至到了重庆西边的璧山县,才算安定下来,于润沧在那里读了四年小学。

在重庆大后方,三舅王寅瑞带着一家老小饱受战乱之苦,他们不但生活拮据,还不时受到日军空袭,境遇非常危险。迫不得已,一家老小于1942年夏又北返晋南隰县,与于镇河重新团聚。

那个时期,抗日战争进入了相持阶段,阎锡山的晋绥军活动在山西省南部的偏远山区,后方形势相对比较稳定。为了培养抗日和建设人才,阎锡山决定把太原的进山中学在晋南隰县复校。进山中学是一所很特殊的学校,阎锡山本人一度还自任校长,但学校的实际负责人是地下共产党赵宗复,赵宗复是山西省原主席赵戴文的独子。正是在赵宗复这种特殊身份的掩护下,进山中学成为一所积极开展进步活动、宣传进步思想的摇篮。

1942年，于润沧上了进山中学，12岁的他正处于世界观、价值观、人生观形成的关键时刻。在学校里，无论是高干子弟还是平民学生，他们都穿一样的衣服，吃一样的饭，过同样艰苦的生活，除了学习文化课之外，还自己种菜、劳作，帮助老百姓收割庄稼，进行军事训练。1945年，日本宣布无条件投降，抗战终于胜利了，进山中学师生一片欢腾。赵宗复被正式任命为校长，进山中学也很快迁回太原。于润沧的年龄渐渐长大，思想也日渐成熟。当时各种进步书刊在学生中不断传阅，学校的社会活动团体也如雨后春笋般地成立，于润沧发起成立了进步团体"海啸社"，组织社员们阅读进步书刊，呼吁民主、自由。1946年至1947年，他还担任了校学生会副主席，积极举办读书会，出刊墙报，参加了破坏国民党反动派组织的反苏游行和打警察局、抗议扣发"米贷金"（相当于助学金）的请愿等一系列革命活动，成为校内著名的进步学生。

1947年，阎锡山看到进山中学的师生们太过活跃，为了控制学校，消除进步力量，于是将赵宗复校长调离，派了两个特务坐镇进山中学，扬言要整顿学校，并搞起了"三自传训"运动。于润沧有个当军长的父亲，即使成为斗争对象，特务们也奈何不得，所以进步老师就征求于润沧的意见，让学生们在大会上"斗争"他，于润沧想到这样能保护更多的进步同学，欣然同意。这样，在以后的斗争大会上，学生们积极发言，声讨于润沧"有进步思想，对现实不满，常常订阅左倾书刊"。于润沧也十分配合，坦然承认自己的"错误"。会场上，双方舌剑唇枪，好不热闹，特务们因为于润沧有显赫的军政背景，也无可奈何。以后回忆起这段往事，于润沧说："'三自传训'，在校外血雨腥风。在校内，虽临时关押了一些同学，总体上却被敷衍应付，草草收场。"

1948年，于润沧高中毕业，为了继续求学，他就从太原来到了北平。其时，太原还出来很多同学，他们在北平组织了山西临时中学，因找不到房子，就都住在天坛。

1949年1月，辽沈、淮海、平津三大战役结束，解放军在全国战场上全面赢得了胜利。山西几乎全境解放，只有太原、大同这两座孤立的城市还控制在国民党军队的手里。其时，于镇河正担任国民党军第十八集团军副总司令兼驻大同军事指挥官，是大同地方最高军事长官。北平的山西临时中学部分同学加入了党组织的工作队，回到太原附近去从事促进太原解放的工作，在革命思潮的推动下，于润沧通过学校地下党组织，向薄一波提出到大同策反父亲的想法。

经地下党组织的安排，1949年3月，华北财政部部长戎子和两次约见于润沧，鼓励他去大同做策反工作，并让他带了两封亲笔信。一封是带给防守大同的国民党军队最高领导人——于镇河的信，一封是带给进攻大同的共产党军队最高领导人——察哈尔省主席张苏、司令员王平的信。另外，还交给他一张共产党方面京津卫戍司令部开的护照。3月中旬，于润沧由北平乘火车到达了张家口，见到了王平司令员。

王平进一步指示,希望他争取时间,做好促进和平解放大同的工作。随后,于润沧一行被护送到大同城。

于镇河在北平和平解放后,一直都在考虑自己的出路问题,他作为阎锡山一手提拔起来的高官,一直忠心耿耿,打起仗来也非常勇敢,颇受阎锡山的器重。在当时的情况下,大同肯定是守不住的,但是,大同的"和、战"两策该如何进行,于镇河成了最为关键的人物。于润沧见到父亲后,一方面带去了戎子和的亲笔信,一方面谈了受到王平司令员接见的情况。于镇河看过信后说:"形势我很清楚,但大同的问题,首要的是解决孟祥祉。"孟祥祉时任大同行署主任,是阎锡山在大同的代理人,他始终坚持着顽固反共的立场。于镇河的犹豫不决具有两方面的原因,一是不但要提防着孟祥祉,也担心过早宣布起义,怕大同特务机关多,有人趁乱谋害自己。二是考虑到自己不战而降,会让阎锡山那一帮人瞧不起,令自己的声誉受损。

4月24日,解放军攻克了太原,这个消息传到大同后,促使于镇河下定了起义的决心。于镇河经过多次周密的安排和开会协调,并暗地将手下主要将领的思想统一后,在1949年4月29日发布命令,正式宣布大同和平解放。

1949年5月1日,解放军开进大同城内,大同终于回到了人民的手中。大同这座文化古城得以幸免战火燃烧,固然在于国内大形势的变化,但与于润沧所做的策反工作有一定的关系。他曾这样回忆道:"父亲在大同,虽然到1949年5月才起义,但和平解放的想法在北平解放后就一直在考虑。所以我在大同的近两个月内,没有听到过枪炮声。"

和平年代 献身矿业

1949年9月,于润沧考入哈尔滨工业大学预科班,学习俄语。1950年,于润沧被分配到土木工程系上本科,当时国家急需采矿专业人才,他积极响应党的号召,主动要求改学矿床开采。1952年,院系大调整后,于润沧转入东北工学院(后并入东北大学)学习;在大学期间,于润沧在苏联专家指导下,系统地学习了基础理论和采矿专业知识。1954年,于润沧大学毕业,分配至北京的重工业部有色金属工业管理局设计公司工作,直至离休。七十多年来,这个单位的名称、归属、体制等发生过多次变化,2005年7月更名为中国恩菲工程技术有限公司(简称"中国恩菲"),2016年归中国五矿集团管理。在中国恩菲,于润沧历任技术员、工程师、高级工程师、教授级高级工程师、院副总工程师兼工程师室主任等职务,成为我国著名的矿山工程设计专家。

五十年来,于润沧一直从事矿山工程设计和科研工作。他先后承担、指导了60多项设计和科研项目,在矿山新工艺、新技术的开发、推广应用中,完成大量具有开拓性的工作,解决了诸多技术难题。20世纪60年代初,在湖南省冷水江市的锡矿山设计中,他组织试验成功了"杆柱房柱法"并应用于生产,使矿石损失率降低40%。20世纪70年代,在山西省的中条山铜矿峪铜矿设计中,力主引进"矿块崩落法"技术,并与科技攻关相结合,担任顾问专家组组长,使每年亏损800万—1000万元的矿山得以扭亏为盈。20世纪80年代,在甘肃省的金川镍矿设计中,他针对金川镍矿床的复杂开采条件,大胆大面积采用机械化盘区下向胶结充填采矿法,开发出棒磨砂高浓度胶结充填技术,成功地实现了"采富保贫",满足了国家对镍的大量急需;他借鉴"新奥法"理论,采用"先柔后刚"两次支护的支护方案,和曲墙半圆拱巷道断面,有效控制了高应力区不良岩层的巷道坍塌,大大加快了建设进度,为我国镍都的建设做出了重大贡献。20世纪90年代,他虽已离休,但仍致力于指导膏体充填技术试验和冬瓜山铜砂深井开采的设计和科研攻关等工作,在设计中采用了废石不出坑、尾矿不建库的技术方案,为创建我国第一座特大型现代化无废矿山而努力拼搏,该矿现已建成投产。进入21世纪,于润沧除继续指导矿山工程设计和科研工作外,还承担了中国工程院关于实施金属矿产资源全球战略,保障国民经济可持续发展的咨询研究,为我国矿业发展和矿山工程设计决策新理念的建设继续倾注心血。

于润沧的杰出贡献,当属由他指导设计的我国第一座无废矿山——南京栖霞铅锌银矿,这座矿山实现了完全不影响环境生态的"无废开采",直到今天,栖霞山风景区仍在持续采矿。"无废开采"是有条件的,并不是所有的矿山都能达到这个要求。比如,露天矿实现无废开采难度也比较大,因为大量的剥离废石要堆积在地表,它的尾矿也无处回填,因此也不可能实现无废开采。但是,如果能将"废料资源化"处理好,就有可能减少废料,在清洁生产的道路上有所突破。有鉴于此,于润沧提出我国应该建设"生态矿业工程",即一个矿业项目从开始规划、立项、设计、施工建设、生产,到最后闭坑的全过程,都要将保护生态环境跟环境治理、生态修复融到矿产资源开发里面,组成一个有机的整体。在具体的实施过程中,应及早、分步进行土地复垦,根据市场需求研究废料资源化,实现无废或少废开采,建设花园式的矿山,在荒漠地带可以用大范围的环境治理弥补小范围的环境破坏。如果这些东西都能够按部就班地做好,才有可能成为一个"无废开采"的矿区。于润沧感慨地说:"如果大家从认识和观念上正视了这个问题,从资金上有了保证,我想我们的矿山不应该搞成那种千疮百孔的样子。"目前我国大多数的矿山仍在走先破坏、先污染、后治理的老路。于润沧对这种现状十分担忧,他认为这种现象应引起有关部门足够的重视。

近年来,于润沧还十分关注数字化矿山的建设与进度。数字化矿山能带来很多好处,最主要的是可实现井下无人作业,能真正实现安全生产。此外,数字化矿山对提高劳动生产率、提高设备利用率、降低生产成本具有显著的效果,对开采低品位矿石和深部矿石甚为有利。于润沧指出,数字化矿山是矿业发展的一个目标,而不是一个具体的工程,数字化矿山的终极目标是为了实现矿山真正安全、高效、经济开采。他预计,如果能一方面向着数字化矿山方面发展,另一方面朝构建生态矿业工程方面发展,若干年后,我国矿业面貌将会有翻天覆地的变化。

于润沧在矿山设计方面造诣颇深,善于将先进科研成果应用于工程设计,创造性地解决复杂的技术难题。对于创新,特别是对于自己的家乡山西在引进创新人才、引进矿山开采新技术和促进煤炭产业发展思路等方面,认为首先要有创新的社会氛围,然后就是要给人才一个温馨的工作环境和优厚的待遇。山西条件虽然不是很优越,但比起偏远的省份并不算很艰苦,如果做到上述两点,吸引创新所需人才不难。于润沧说:"对于创新成果转化,设计部门作为一个中介,在加速科研成果转化,变为现实生产力方面具有独特的作用。希望各级政府和有关部门能够重视这一点,给予专项支持。"

于润沧把自己的一生奉献给了祖国的有色金属采矿事业,他在离休之后返聘回原单位从事技术指导工作,现在还担任北京科技大学兼职教授、博士生导师。于润沧院士除了做好本职工作外,还勤于笔耕,撰写发表有一批代表性的论文,并参与主编采矿工程师手册。对于青年矿业设计研究者,他给予这样寄语:"从事矿业很艰苦、辛劳,有志于我国矿业发展的年轻科技人员,首先应该有对矿业的执着精神、献身精神,特别要重视亲自去现场作专题调查研究,参加施工和科研工作的实践。这样才能掌握第一手的资料,积累丰富的经验。青年人的特点是能大胆地说话，勇敢地前行，敢于说出真话，敢于革新传统，敢于挑战权威，要保持和发扬这种心态。在经济全球化的今天，还要注意培养国际化的视野。"

于润沧1956年4月加入中国共产党，1986年被评为国家级有突出贡献的中青年专家，1991年享受国务院政府特殊津贴，1999年当选为中国工程院院士，成为我国有色勘察设计行业第一位工程院院士。他曾任中国有色金属学会第一届、第二届理事会理事，中国矿业联合会第一届、第二届理事会理事，中国国际工程咨询公司专家组成员，世界采矿大会常设国际组委会委员。他还获得过国家科技进步特等奖一项、一等奖一项、二等奖三项，全国最佳工程设计特等奖一项；主持和审定了我国许多大型有色金属矿山工程设计项目，完成多项我国重点工程科技攻关课题，创造性地解决了许多开采条件复杂矿山的技术难题，成绩卓著，为我国有色金属的发展和科技进步做出了重要贡献。

1991年，于润沧按规定从中国恩菲办理了离休手续，但一直返聘于原单位继续工作。2013年，83岁的于润沧考虑到年龄和精力，不再"坐班"，但家住在院区宿舍，与办公室离得很近，有事时一个电话就能叫去，继续发挥余热，推动科技创新的发展。近年来，他主要围绕以下工作做了一些筹划和推动：一是创建远程遥控和自动化采矿示范工程，二是建立虚拟矿山，三是超大规模矿山充填系统的创新，四是推广矿井按需通风系统，五是尾矿资源化创新研究。此外，他还被邀担任有些采矿项目的评审工作,提出看法或书面意见,进行专业性质的把关审核。

于润沧现年93岁,已是耄耋之年,但走路依然生风,说话依然响亮,丝毫不见老态,繁忙的工作之余,喜欢看书、散步。回顾自己的一生,于老认为用十六个字可以概述:"得享机遇,秉承义责,略有建树,人老未朽。"他说:"我们这一代人,深深经历了祖国的苦难,如今又迎来了她的日新月异、震惊世界的高速度高质量发展。虽然我已年过九旬,仍不敢丝毫懈怠,我一直在奋力追踪着时代的步伐。作为一介'布衣院士',即便有一点成就,恐怕都很难构成沧海一粟,况且我所从事的矿业工程设计和科研工作基本上都属于集体创作,仅仅在某些方面我发挥了一点引领和指导作用。我的一生无保留地献给我们伟大的祖国,追逐中华民族的伟大复兴梦。"

最后,让我们对这位平凡而伟大的"布衣院士"致以深深的敬意,祝于润沧院士和夫人健康长寿。

后　记

　　浑源历史悠久，钟灵毓秀。1993年，浑源被山西省人民政府公布为第二批历史文化名城。古城内全国重点文物保护单位有四处，分别是始建于辽代的州文庙、金代的圆觉寺释迦塔、元代的大永安寺、清代的栗毓美陵园，由此可见浑源历史文化底蕴之厚重。

　　2022年，浑源县以全方位推动高质量发展为根本方向，持续推进"举文化生态牌、建特色休闲城、走旅游康养路"发展战略。县委书记高莹强调，要"弘扬厚重历史人文底蕴，探索产业富民强县新路"。浑源县纪委监委、恒山风景名胜区管理中心、浑源县文学艺术工作者联合会、浑源县文化和旅游局，按照县委、县政府的部署和要求，组织本地部分历史文化学者，撰写《超越时光的触摸——从浑源古城走出的名人》一书。

浑源历代重教兴文、儒秀世风，产生过许许多多影响中国历史进程的英豪俊杰。从金到清，浑源境内曾建有四大书院，分别是金代的翠屏书院、明代的凤山书院和石溪书院以及清代的恒麓书院。但浑源地处边塞，境内北岳恒山又为农耕民族与游牧民族的必争之地，每逢改朝换代，外族入侵，兵燹叠起，史乘散佚，给研究、著作造成极大困难。偶有数个名人载入正史，亦记述阔略，只有寥寥数语。为顺利完成书籍编写任务，学者们在阅读正史以外，参阅了大量个人文集、现存田野石刻等资料。古人所谓皓首穷经，大抵如此。

北岳文化博大精深，浑源古城人杰地灵，然正如清人王士祯《归潜志·序》所言："一代之典章文物，得其所托则传；不得其所托，则沦于烟莽。"幸得领导重视、各单位组织、众学者勠力同心，经过近一年的努力，该书得以付梓，为"讲好浑源故事，助力文旅振兴"再添砖瓦。

由于史料缺少，编缉水平所限，不妥之处，敬请批评指正。

编者

2024 年 5 月